LE DÉJEUNER DE SOUSCEYRAC

MARC DUSSOT
GENÈVE, LE 23/09/2003

PIERRE BENOIT

LE DÉJEUNER DE SOUSCEYRAC

EASY READERS
ER
FACILE A LIRE

Le vocabulaire de ce livre est fondé sur:
Börje Schlyter: Centrala Ordförrådet i Franskan
Günter Nickolaus: Grund- und Aufbauwortschatz Französisch
Georges Gougenheim: Dictionnaire Fondamental
de la Langue Française

Rédacteur: Ellis Cruse
Illustrations: Oskar Jørgensen

ISBN Danemark 87-429-7751-7

Imprimé au Danemark par
Sangill Bogtryk & offset, Holme Olstrup

PIERRE BENOIT
(1886-1962)

est né à Albi, dans le Midi de la France, en 1886. C'est un auteur très populaire. Ses romans peuvent à juste titre être considérés comme des romans d'aventures, avec tout ce que cela implique de bons sentiments et de morale traditionnelle.

«Le déjeuner de Sousceyrac» traite de la vie provinciale dans la première moitié du siècle et des rapports d'amitié entre deux jeunes hommes. L'un d'eux, Philippe, cherche à résoudre un mystère qui remonte à son enfance, et les nombreuses intrigues tiennent le lecteur en haleine.

D'autres œuvres :

«Kœnigsmark»
«Alberte»
«L'Atlantide»
«Monsieur de la Ferté»
«Mademoiselle de la Ferté»
«La châtelaine du Liban»

1

C'est un *sauvage* et dur pays que le Ségala, l'un des plus écartés, des plus ignorés de France. A cette rude région correspond une race plus rude encore, une race qui n'aime pas le progrès. A Labastide-du-Haut-Mont, qui est le point le plus élevé de la région, on raconte qu'il existe, dans la forêt, de vieilles paysannes qui ne savent même pas ce que c'est que le chemin de fer.

Les gens du Ségala n'ont d'amour que pour le petit bout de terre qu'ils possèdent, ils n'ont de *haine* que pour leur voisin qui possède le champ qu'ils *convoitent*. Tel est leur grand, leur unique souci.

Ils ont assez à faire avec leurs disputes, avec leur lutte contre un climat, une nature qui, pendant quatre mois de l'année, les écarte du reste du monde. La *neige assiège* les villages au fond des *vallées,* isole les fermes qui, de décembre à mars, ne recevront plus la visite du *vétérinaire,* ni quelques-unes même celle du *facteur*.

Ils avaient quitté Rodez très tôt. Ils furent à Figeac vers neuf heures du matin. Ils s'y arrêtèrent pour manger des

---

sauvage, ici : désert et peu accueillant
haine, sentiment qui fait que l'on souhaite du mal à qn; le contraire de l'amour
convoiter, avoir très envie de qc
neige, vallée, voir illustration page 8
assiéger, s'installer autour d'un lieu pour empêcher les gens de sortir
vétérinaire, médecin des animaux
facteur, celui qui apporte les lettres

œufs au jambon, accompagnés d'une bouteille de vin, qui les mit de bonne humeur. Ils repartirent sans se presser, car ils ne *tenaient* pas *à* être avant midi à Tulle où ils s'étaient promis de déjeuner.

«Reconnais-tu la région?» demanda Jean, qui conduisait, lorsqu'ils atteignirent la vallée de Saint-Céré.

Philippe secoua la tête.

«Assez mal, je l'avoue. Qu'est-ce que tu veux, il y a trente ans que je ne suis pas passé par ici. Tu vois l'âge que je pouvais avoir.»

Il devait être onze heures lorsque la petite auto de Jean, si régulière jusque-là, commença à donner des signes de fatigue.

«Il faut voir ce que c'est», dit Jean.

---

tenir à, aimer beaucoup, attacher de l'importance à qc

Ils s'arrêtèrent. Philippe s'assit tranquillement par terre, tandis que Jean, ayant retiré sa *veste,* se mit à examiner le moteur, mais sans succès.

Soudain, Philippe se leva.

«Il y a un *écriteau* là-bas. Je vais voir exactement où nous sommes», dit-il.

*Au bout d'*un quart d'heure de lutte, Jean parvint à faire repartir sa voiture. Il rejoignit Philippe qui, cent mètres plus loin, la carte à la main, était arrêté, comme dans un rêve, en face de l'écriteau.

«Eh bien, monte!»

Mais l'autre ne paraissait pas disposé à obéir.

«Qu'est-ce que tu attends? fit Jean, perdant son calme.

– Rien, oh! rien.

– Alors, *dépêche-toi.*

– Me dépêcher? Je veux bien. Tu sais que nous sommes à cinquante kilomètres de Tulle?

– Merci du *renseignement.* Je sais lire, moi aussi. Monteras-tu, voyons? Nous ne serons pas à table avant une heure et demie. Et si nous désirons coucher ce soir à Châteauroux . . .»

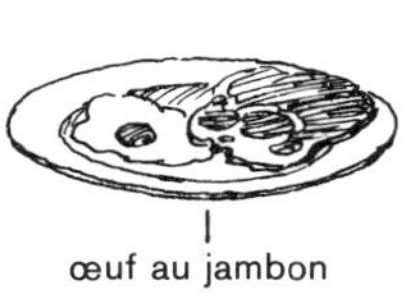

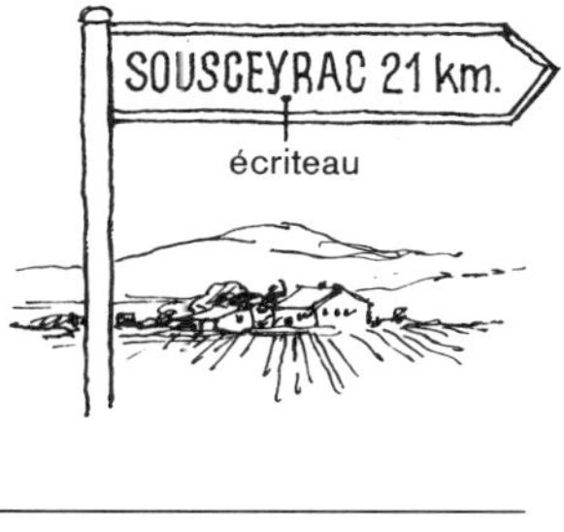

---

au bout de, après
se dépêcher, se presser; faire vite
renseignement, ce qu'on dit à qn pour l'aider à connaître, à savoir

Philippe eut un geste de *désinvolture*.

«Oh! cela n'a pas d'importance.

– Explique-toi, je t'en prie.

– Là! là! Ne *te fâche* pas. Ecoute, mon petit Jean : est-ce que tu as vraiment une raison personnelle de vouloir déjeuner à Tulle?

– Qu'est-ce que c'est que toute cette histoire? fit Jean. Une raison personnelle? Tu te moques de moi. C'est toi qui as choisi Tulle. Moi, je ne constate qu'une chose : c'est que nous sommes aujourd'hui samedi, et que je dois être à Paris dimanche soir, demain.

– Le petit changement que je te propose ne nous mettra pas en retard.

– Est-ce que tu n'aurais tout de même pas pu m'aviser plus tôt? *grogna* Jean. Qu'est-ce qu'il t'a pris?

– Il m'a pris, dit Philippe calmement, il m'a pris que je viens de voir cet écriteau. Comprends-tu?

– Et après?

– Comment, après? Tu ne saisis pas? Sousceyrac : 21 kilomètres. Nous ne sommes qu'à vingt et un kilomètres de Sousceyrac.

– Sousceyrac? Qu'est-ce que c'est que ça?

– Je te remercie, dit Philippe, plus souriant que jamais, de l'attention que tu accordes à mes paroles. Toi qui me reproches sans fin de ne pas t'écouter! ... Sousceyrac, c'est le village d'où ma famille *est originaire*.

– Qu'est-ce que tu me racontes? Tu m'as dit que tu étais de Cahors.

---

désinvolture, le fait de ne pas attacher d'importance à qc
se fâcher, se mettre en colère
grogner, façon de parler de qn qui est de mauvaise humeur
être originaire, avoir ses origines

– Mon père, oui. Mais ma grand-mère *maternelle* était de Sousceyrac. J'y ai même encore une tante, la sœur de ma mère. La pauvre femme ne doit plus être toute jeune. Soixante-dix ans, au moins.»

Le visage de Jean devint tout à fait *maussade*. Philippe se mit à rire.

«Je vois ce que c'est. Tu redoutes les souvenirs que tu seras forcé d'écouter *poliment* . . . Ne crains rien, va. Je n'irai pas frapper à la porte de la pauvre tante Ernestine, avec qui mon père et ma mère *étaient brouillés* depuis mon enfance. Nous y passerons, seulement, je te le promets. Est-ce que tu ne peux pas admettre que je tienne à revoir le jardin où j'ai joué, quand j'étais un petit garçon?»

Cette fois, Jean se mit à rire :

«Ecoute, dit-il. Tu tiens à passer par Sousceyrac? Allons à Sousceyrac. Et où déjeunerons-nous?

– A Aurillac. Ce n'est guère plus loin que Tulle, et nous y serons aussi bien.

– Entendu, fit Jean, *résigné*. Monte, alors.»

Philippe s'assit auprès de son compagnon, et la petite auto, abandonnant la grande route, *s'engagea* sur le chemin de Sousceyrac.

---

maternel, de la famille de la mère
maussade, triste et de mauvaise humeur en même temps
poliment, de façon à montrer que l'on sait comment on doit se tenir, parler, etc.
être brouillé (avec qn), ne plus voir qn avec qui on s'est disputé
résigné (être), accepter, sans protester, une chose pénible
s'engager, ici : commencer à avancer

Questions

1. Est-ce que la région du Ségala vous paraît sympathique?
2. Pourquoi Philippe décide-t-il de changer de route?
3. Est-ce que cette décision plaît à Jean?

2

Jean Métérié et Philippe Mestre avaient le même âge, trente-huit ans, et la même situation sociale, étant tous deux sous-chefs de bureau au ministère de l'Education nationale. Ils *avaient été reçus,* quinze ans plus tôt, au même examen.

Philippe et Jean étaient heureux. Les souvenirs communs avaient créé entre eux une grande amitié. Ils avaient à peu près les mêmes goûts, mais on aurait pu dire que Jean avait plus de force de caractère et plus de méthode, Philippe plus d'optimisme et d'imagination.

Orphelins tous deux, ils avaient, à la mort de leurs parents, *hérité de* quelques milliers de francs. Ce détail, pour permettre au lecteur de pénétrer dans l'intimité de ces deux jeunes hommes, dont l'un est destiné à tenir le premier rôle au cours des événements qui vont suivre, tandis que l'autre aura à se contenter du rôle de *confident.*

Un détail encore. Les vacances, dans les ministères, sont d'un mois. Jean et Philippe avaient presque toujours réussi à jouir ensemble de ces quatre semaines. Mais, cette année, les nécessités de leurs services respectifs les en avaient empêchés. Jean avait dû quitter Paris avec son auto dès le premier septembre, Philippe n'avait pu le rejoindre que le quinze. Maintenant, ils allaient se séparer, l'un pour rentrer à Paris, l'autre pour profiter du reste des vacances. Philippe songeait à se faire

---

être reçu, ici : réussir un examen
orphelin, enfant dont les parents sont morts
hériter de, recevoir de l'argent ou des biens à la mort de qn
confident, qn à qui on confie ses secrets

déposer aux *environs* de Vierzon, chez des amis qui l'avaient invité plusieurs fois à venir chasser chez eux.

Le *paysage,* à deux kilomètres de la route qu'ils venaient de quitter, avait changé brusquement. Ils se trouvaient maintenant en pleine forêt, en pleine montagne.

«Eh bien, dit Philippe, ai-je eu raison? N'est-ce pas plus beau, par ici?»

Jean *hocha la tête.*

«Ne me parle pas pendant les *virages», murmura*-t-il, les yeux fixés sur la route, les dents un peu serrées.

Au bout d'une demi-heure, ils avaient atteint une plaine où la route se fit moins difficile. Les traits de Jean *se détendirent.*

«C'est très beau, oui, dit-il. Tu as bien fait d'insister en faveur de cette route. Tu es souvent venu par ici?

– Trois fois, tant que ma grand-mère a habité Sousceyrac. Après, lorsqu'elle est morte, et qu'il n'y a plus eu là-haut que ma tante, avec qui, je te l'ai dit, mes parents étaient brouillés, je n'ai plus eu l'occasion d'y revenir. La dernière fois, c'était en 1897. J'avais six ans. Je crois cependant que, *tout à l'heure,* je reconnaîtrai la maison. Elle est au bord d'une route, à cinq ou six kilomètres du village. Et il y a une allée de *sapins* qui y conduit.

– Comment s'appelle ta tante? demanda Jean poliment.

---

environs (pl.), les lieux voisins
paysage, spectacle de la nature
hocher la tête, secouer la tête de haut en bas
virage, endroit où la route tourne
murmurer, parler à voix basse
se détendre, ici : être plus calme
tout à l'heure, ici : dans un petit moment; aussi : il y a un moment

– Mlle Ernestine Lauzès.
– Elle était si fâchée que cela avec vous?
– Elle avait très mauvais caractère. Et puis, pour dire toute la vérité, mes parents ne se sont pas très bien conduits avec elle.»

Le visage de Jean *se crispa* de nouveau. La route recommençait à tourner et à monter.

«Dis donc, c'est la fin du monde, ce pays. Pas une maison! Pas un passant! Comment vous faisiez, autrefois, pour arriver jusqu'ici?
– Oh! C'était une véritable expédition. Il fallait deux jours de *diligence,* depuis Cahors.
– Et vous alliez à Sousceyrac pour voir ta grand-mère?
– Oui, à l'époque des vacances. Nous y restions un mois. Mon père criait sans arrêt contre ce voyage. Il disait que si Mme Lauzès tenait tant que cela à voir sa fille et son petit-fils, elle n'avait qu'à venir habiter avec nous. A la fin, elle s'y est résignée. Et depuis, je ne suis plus revenu à Sousceyrac.
– Et tu n'as donc jamais revu ta tante Ernestine?
– Si, une fois, à Cahors, en 1901, quand ma grand-

sapin

se crisper, se serrer
diligence, voiture tirée par des chevaux

mère Lauzès est morte. Ma tante *était* déjà *en* si *mauvais termes* avec nous qu'elle n'a même pas voulu venir habiter la maison. Pendant les trois jours qu'il a fallu pour l'*enterrement,* elle est restée à l'hôtel. Je la reverrai toujours : après l'ouverture du testament, elle descendit, toute seule, l'escalier de notre maison de Cahors en disant qu'elle ne reviendrait jamais. Elle a *tenu parole.* Ni au moment de la mort de mon père, ni à celle de ma mère, elle n'a remis les pieds à Cahors.

– Quelle pitié! fit Jean. Dire qu'il y a quinze ans que nous nous connaissons et que c'est la première fois que nous parlons de tout cela!

– Un écriteau! dit Philippe. *Ralentis* un peu que je puisse lire . . . Sousceyrac, 8 kilomètres.

– Tout à l'heure, poursuivit Jean, au moment où tu parlais des brouilles de ton père et ta mère avec ta tante, je t'ai interrompu. C'est bien d'argent qu'il s'agissait, n'est-ce pas?

– Naturellement. De quoi veux-tu qu'il s'agisse, en province? Le plus beau, c'est que c'est moi qui ai servi de prétexte à cette brouille-là. Mon père n'avait pas de fortune, juste son *salaire* de juge. La famille Lauzès en avait un peu : la maison de Cahors, où nous habitions, et qui avait été donnée à ma mère, au moment de son mariage et la maison de Sousceyrac, avec quelques hectares de forêt aux environs. Il y avait aussi pour plusieurs milliers de francs de *titres.* Le tout à partager,

---

être en mauvais termes (avec qn), être brouillé, fâché (avec qn)
enterrement, le fait de mettre un mort dans la terre
tenir parole, agir comme on l'a dit
ralentir, aller moins vite
salaire, somme d'argent que l'on reçoit pour son travail
titre, ici : part de société

à la mort de la grand-mère Lauzès, entre ma mère, et ma tante Ernestine. Ah! ces titres, ces hectares, ces maisons, en ai-je entendu, à leur propos, des disputes! Mon père ne pouvait admettre que sa femme ne soit pas avantagée à la mort de ma grand-mère. Pour atteindre plus sûrement son but, il força la pauvre vieille femme à abandonner sa fille et à venir habiter Cahors avec nous. Elle y céda. Par amour pour moi, paraît-il.

«Quatre ans après, elle mourait. Ma tante Ernestine, prévenue trop tard, n'arriva que pour entendre la lecture de son testament, un testament qui ne lui laissait presque rien. Quand je t'ai dit qu'on ne s'est pas très bien conduit à son égard, tu vas voir que je n'ai pas *exagéré*. Le partage achevé, la part de ma tante se réduisit à la maison de Sousceyrac et aux quelques hectares de terrain dans les environs. Nous, nous conservions la maison de Cahors, dont la valeur était double, plus les titres. Maintenant, tu comprends pourquoi je n'ai pas envie d'aller frapper à la porte du Pendit?

– Le Pendit?

– C'est le nom de la propriété de ma tante, la maison à l'allée de sapins. Je ne sais même pas si, après tant d'années, je parviendrais à la reconnaître. Nous nous la ferons indiquer discrètement, sans nous nommer. Je ne tiens pas à ce qu'on signale mon passage.»

L'auto avait ralenti. Une *horloge* toute *proche* sonna les douze coups de midi. La forêt s'éclairait brusquement. La route tourna, et les maisons d'un village apparurent.

«Voici Sousceyrac», dit Philippe.

---

exagérer, faire croire que les choses sont plus grandes ou plus mauvaises qu'en réalité
horloge, voir illustration page 18
proche, près

Questions

1. Comprenez-vous pourquoi Jean et Philippe passent leurs vacances ensemble?
2. Quelle relation Philippe a-t-il avec Sousceyrac?
3. Que pensez-vous de l'attitude des parents de Philippe vis-à-vis de la tante Ernestine?

horloge

3

Maintenant, ils étaient assis à la terrasse d'un modeste petit hôtel, en prenant l'apéritif.

«Eh bien? fit Jean. Que fait-on maintenant?

– Oh! dit Philippe. Je ne demande qu'à *entrevoir* la maison de ma tante et puis après, nous repartirons. Nous avons encore quarante bons kilomètres pour atteindre Aurillac. Il ne faut pas compter déjeuner avant deux heures de l'après-midi.

– C'est toi qui l'as voulu ainsi, dit Jean.

– Tu ne vas pas me le reprocher toute la journée, répondit Philippe qui, brusquement, sembla nerveux.

– Allons, allons, ne te fâche pas. Je ne regrette rien, moi. Je trouve ce pays très beau, vraiment. Et même, il me vient une idée. Pourquoi ne déjeunerions-nous pas à Sousceyrac?

– Déjeuner à Sousceyrac! Tu n'y penses pas?

– Il n'y a aucune raison pour qu'on y soit mal. On trouve toujours un *poulet rôti*. Tandis qu'on préparera notre déjeuner, nous irons à la recherche de la maison de ta tante. D'ailleurs, regarde : voilà la boutique d'un mécanicien. Pendant que nous mangerons, il examinera mon moteur, qui continue à me donner des inquiétudes.

– Comme tu veux, dit Philippe.

– Tu crois qu'on sert à manger ici?

– Bien sûr. Regarde l'écriteau : Hôtel Prunet.»

Jean appela pour payer les apéritifs. L'*hôtelière* vint.

---

entrevoir, apercevoir un instant
poulet rôti, voir illustration page 23
hôtelier, personne qui dirige un hôtel

«Nous voudrions déjeuner, madame. Vous sera-t-il possible de nous servir quelque chose, vers une heure?

– Mais oui, messieurs, dit-elle.

– Qu'allez-vous nous donner?

– Oh! je n'ai pas de grandes ressources.

– Peut-être qu'un poulet . . .

– Il y aura du poulet, si vous le désirez.

– Enfin, tâchez de faire pour le mieux, conclut Jean. Pendant ce temps, nous irons faire un tour dans le village. Ah! dites-moi, madame, j'aperçois une boutique de mécanicien . . .

– C'est la boutique de mon mari, monsieur.

– Parfait! Voulez-vous le prier de regarder mon auto ; j'ai quelques problèmes avec le moteur.

– Avec plaisir. Mais il ne sera pas là avant deux heures et demie. Il est allé porter secours à une voiture *en panne,* à une trentaine de kilomètres.

– Eh bien, dit Jean résigné, nous espérons que votre déjeuner nous aidera à l'attendre.

– Je l'espère aussi, messieurs», dit-elle avec un sourire réservé.

Jean rejoignit son ami qui venait de s'engager dans la grand-rue du village, au bout de laquelle on apercevait les champs, puis les bois.

«Nous ne devons plus être très loin, maintenant, dit Jean, quand ils eurent parcouru un demi-kilomètre sur la belle route pleine d'ombre.

Philippe examinait les environs sans assurance. Jean lui dit :

«Es-tu certain d'être dans la bonne direction?

– Naturellement.

---

en panne, cassée; qui n'avance plus

– Et si on demandait au brave homme que voilà si, oui ou non, il existe par ici une Mlle Lauzès.»

C'était un paysan qui s'avançait lentement à leur rencontre.

«Monsieur, lui cria Jean, ne pourriez-vous pas nous indiquer la maison de Mlle Lauzès, de Mlle Ernestine Lauzès.»

Le paysan s'arrêta.

«Le Pendit, ajouta Philippe. Vous ne connaissez pas la maison du Pendit?

– Le Pendit? Oh! que si, je connais le Pendit. La plus belle maison du pays.

– C'est de ce côté, n'est-ce pas? dit Philippe, fier.

– De ce côté? Oh! mais non. Vous lui tournez à peu près le dos, au Pendit, mes bons messieurs.»

Jean éclata de rire.

«Comment? dit Philippe, furieux. Nous lui tournons le dos! Sur quelle route sommes-nous, alors?

– Vous êtes sur la route de Latronquière. Et le Pendit est sur la route d'Aurillac, à dix minutes de Sousceyrac.

– En bien, fit Jean, quand ils eurent *rebroussé chemin,* heureusement que j'ai eu l'idée de demander à ce paysan. Assez de *plaisanteries* comme cela, et à table! Nous irons le voir après déjeuner, ton Pendit, mais en auto.

– Ce ne sera pas la peine, dit Philippe avec mauvaise humeur. Puisqu'il est sur la route d'Aurillac, nous passerons nécessairement devant, quand nous repartirons.»

Mme Prunet les attendait à la porte de l'hôtel.

«Tout est prêt, messieurs», dit-elle.

---

rebrousser chemin, revenir sur ses pas; retourner en arrière
plaisanterie, ce que l'on dit ou que l'on fait pour s'amuser

Et elle les conduisit dans la salle à manger qui était au premier étage.

Philippe et Jean s'installèrent près de la fenêtre, devant la table où leurs couverts étaient mis.

«Qu'allez-vous nous donner, chère madame? demanda Jean.

– Du poulet, puisque vous en désirez, messieurs, répondit Mme Prunet. Mais comme il n'est pas tout à fait prêt, j'ai pensé vous donner d'abord autre chose.»

Il s'agissait d'un *foie gras* et d'un *saladier* d'*écrevisses* qu'elle disposa devant eux.

Tandis que Mme Prunet se retirait, Jean donna un coup de *coude* à Philippe.

«Eh! mais, dis donc, les choses n'ont pas l'air de trop mal s'arranger.

– Qu'est-ce que tu croyais?» répondit Philippe, sèchement.

Il y avait sur la table deux sortes de vins, l'un blanc, l'autre rouge. Jean essaya l'un et l'autre. Ils étaient très bons.

«Maintenant, le poulet peut être brûlé. Avec ces vins et ce foie gras, ces écrevisses, j'ai moins peur.»

Il rit. Philippe consentit à sourire.

«Excellente entrée, madame, dit Jean à l'hôtelière. Sans mentir, si le poulet est aussi bon . . . Mais, qu'est-ce que vous nous apportez là?

– Des *truites* du pays, monsieur, répondit-elle avec un petit air de s'excuser. Je les avais promises à quelqu'un des environs. Mais *tant pis!* J'aime autant que vous en profitiez.

– Regarde-moi ça, Philippe. Qu'en penses-tu?»

---

tant pis, cela ne fait rien

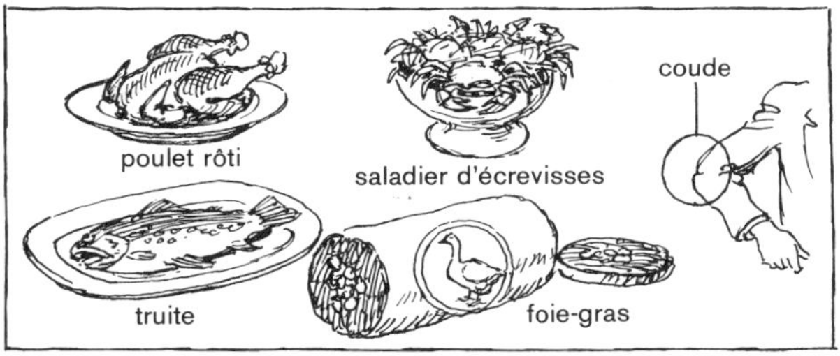

Philippe *haussa les épaules*.

– Je te l'avais bien dit, dit-il, quand Mme Prunet fut repartie pour sa *cuisine*. Pourquoi n'aurions-nous pas été admirablement ici?»

---

hausser les épaules, lever brusquement les épaules
cuisine, endroit, dans une maison, où l'on prépare les repas

Au dehors, un petit vent était né, un vent qui n'était pas encore le vent d'hiver, mais qui le faisait *pressentir.*

Mme Prunet entra avec le plat de poulet.

«*Sainte Vierge!* s'écria Jean. Je n'ai jamais rien mangé de pareil!

– Vous êtes trop *indulgent,* monsieur, dit Mme Prunet. Je crois que le poulet ne sera pas mal non plus.»

Elle allait sortir. Un geste de Philippe la retint. «Dites-moi, chère madame, j'ai besoin d'un renseignement. Vous êtes sans doute depuis longtemps dans le pays?

– Depuis toujours, monsieur.

– Bon. Alors, vous pourrez certainement me dire où se trouve la maison de Mlle Lauzès.»

Il y eut un silence. Philippe avait fait signe à son ami de se taire. Mme Prunet les regardait *à tour de rôle,* ne sachant pas quoi faire. On voyait qu'elle ne s'attendait pas, de la part d'étrangers, à une telle question.

«Vous avez connu Mlle Lauzès?» demanda-t-elle enfin.

Philippe prit un air indifférent.

«J'ai des amis qui sont ses *parents.* Ils m'ont parlé d'elle. Puisque le hasard m'a amené aujourd'hui à Sousceyrac, je serais heureux de leur dire que j'ai vu sa maison. Elle est sur la route d'Aurillac, n'est-ce pas?

---

pressentir, sentir à l'avance
Sainte Vierge!, la mère du Christ; ici : expression de surprise
indulgent, ici : qui dit que qc est bien, pour faire plaisir
à tour de rôle, l'un après l'autre
parent, ici : de sa famille

– Oui, à dix minutes de marche environ, à droite. Elle est facile à reconnaître. Il y a une allée de sapins qui y conduit.

– Elle doit être bien âgée, maintenant, Mlle Lauzès. Vous ne devez plus l'apercevoir très souvent?

– Mlle Lauzès est morte voilà près de six ans, monsieur, répondit simplement Mme Prunet.

– Ah!» murmura Philippe.

Jean, qui observait son ami avec attention, le vit *subitement* moins troublé. Celui-ci laissa échapper un *soupir :*

«Eh bien, fit-il, on ne peut pas dire que j'ai de la chance, moi, avec ma famille. Enfin, voilà une question réglée . . .»

Il secoua la tête, comme pour chasser une mélancolie qu'il n'avait pas prévue.

«Me voilà tout de même seul au monde, dit-il. Je n'avais pas pensé que ça me ferait un effet si étrange.»

Questions

1. Pourquoi décident-ils de rester déjeuner à Sousceyrac?
2. Est-ce que Mme Prunet se donne du mal pour leur préparer un bon repas?
3. Arrivent-ils à obtenir de Mme Prunet les renseignements qu'ils désirent?

---

subitement, très vite, sans qu'on ait pu le prévoir
soupir, respiration profonde qui montre un sentiment de douleur ou de joie

4

Comme ils achevaient le café, le bruit lointain d'une *trompe* d'automobile se fit entendre.

«Ce doit être M. Prunet», dit Philippe.

Jean regarda sa *montre*.

«Je voudrais bien que ce soit lui. Trois heures déjà. Il faudrait être parti d'ici avant une heure.

– Ne t'inquiète pas. Nous *rattraperons* vite le temps perdu. Après un déjeuner pareil, ce n'est pas notre repas du soir qui nous retardera beaucoup. D'ailleurs, voici M. Prunet.

– Tu crois? dit Jean, qui s'était mis à la fenêtre. Eh bien, moi, je serais bien surpris, si c'est M. Prunet qui arrive dans une voiture semblable. Regarde donc un peu.»

Une énorme auto jaune, ouverte, arrivait à toute vitesse. Elle s'arrêta devant l'hôtel. Son conducteur sauta à terre.

«Madame Prunet! Madame Prunet! cria-t-il, et, presque aussitôt, il entra dans la salle à manger :

«Eh bien, madame Prunet?

montre

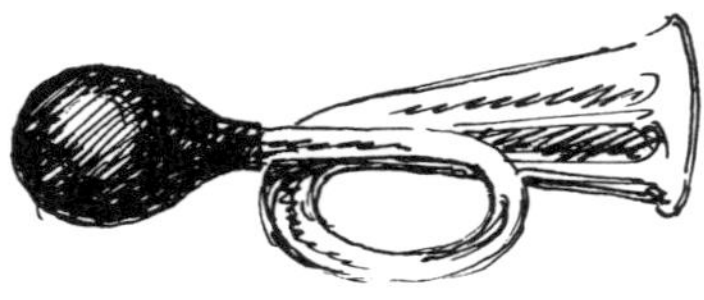

trompe

---

rattraper, rejoindre qn ou qc

– Elle va venir, monsieur, soyez sans crainte», dit Philippe d'un ton sec.

L'inconnu ne prit pas la peine de lui répondre. Il n'était pas sans élégance. Il se mit à *marcher de long en large* dans le fond de la salle et, quand, enfin, Mme Prunet arriva, il lui dit d'une voix irritée :

«Je vous en prie, madame, ne vous pressez pas. Il n'y a guère plus de dix minutes que je vous appelle.

– Pardon de vous avoir fait attendre, monsieur Léonce. Mais je m'occupais de ces messieurs. Qu'y a-t-il pour votre service?

– Rien, madame, rien. Je passais par ici. Et j'ai tenu à monter pour vous remercier de votre *gentillesse*. Nos invités, ma femme et moi, avant de nous mettre à table, nous avons attendu une bonne heure les truites que vous m'aviez promises.

– Je vous avais promis des truites, c'est vrai. Mais seulement si je réussissais à en avoir, monsieur Léonce. Et ça m'a été impossible.

– Très bien, madame, parfait! Ça vous a été impossible. Dans ce cas, dites-moi ce que c'est que les *poissons* que voici . . .»

Il était debout devant la *desserte* sur laquelle traînaient

poisson

---

marcher de long en large, aller d'un bout à l'autre d'une pièce et revenir, puis recommencer
gentillesse, le fait d'être aimable
desserte, voir illustration page 23

les restes des deux amis. D'un mouvement brusque, il désigna du doigt un plat où restaient encore deux ou trois truites froides.

Mme Prunet ne *perdit* aucunement *contenance :*

«Je suis hôtelière avant d'être *marchande* de poissons», se borna-t-elle à répondre.

M. Léonce eut un *ricanement.* Il *se retourna sur ses talons* et gagna la porte. Soudain, il se retourna :

«Vous ne risquez pas, madame Prunet, de me revoir *de sitôt* dans votre restaurant, dit-il.

– Tous les regrets seront pour moi, monsieur Léonce.»

Philippe regardait Jean.

«Remercions Mme Prunet, dit-il. Nous ne vous avons pas causé, au moins, trop de difficultés, chère madame?»

Elle secoua la tête en riant :

«Mais non, messieurs, mais non. Malgré tout son argent, il a plus besoin de nous que nous de lui, voyez-vous. Avant trois jours, sa femme sera dans ma cuisine à me demander de lui avoir des truites, et lui dans la boutique de mon mari à le supplier de l'aider à réparer son auto.

– Comment s'appelle-t-il, ce monsieur?

– Cajarc, Léonce Cajarc. Il n'osait pas faire autant de manières, je vous le jure, il y a seulement trois ans, quand son père vivait encore. C'est que le vieux Cajarc n'était pas facile à vivre. Jusqu'à son dernier jour, il a été habillé de la blouse de nos paysans, et il a toujours travaillé.

---

perdre contenance, être embarrassé; ne plus savoir quoi dire
marchand, personne qui vend qc
ricanement, petit rire méchant
se retourner sur ses talons, tourner sur soi-même; faire demi-tour
de sitôt (adv.), prochainement

– Et qu'est-ce qu'il faisait, de son métier?

– Il était marchand de bois. Et même, riche comme il l'était devenu, il ne se gênait pas pour *donner un coup de main* à ses *bûcherons* et les aider à abattre un arbre. Ce n'est pas son fils qui en fera jamais autant.

– En tout cas, il a une bien belle auto, conclut Jean. Il a fallu qu'il en vende, des arbres, son père, pour lui laisser de quoi se payer un *jouet* de ce prix!»

Mme Prunet sourit finement :

«Oh! fit-elle, comme vous y allez! Le vieux Cajarc avait du bien, c'est entendu, mais pas de quoi, cependant, permettre à Léonce de rouler dans une voiture pareille. Vous pouvez être assuré que sans les millions de Mlle Lauzès . . .

– Comment?»

Philippe, qui depuis un moment écoutait de façon assez *distraite*, les coudes sur la table, releva la tête brusquement.

«Quoi?» fit-il.

Mme Prunet s'était interrompue, et le regardait, *stupéfaite*.

«Qu'est-ce que vient faire là-dedans Mlle Lauzès?

– Mais rien, monsieur. Je disais seulement que sans les millions qu'elle a laissés . . .

– Mlle Lauzès a laissé des millions à l'individu qui sort d'ici?

– Pas à lui, monsieur, pas à Léonce. A son père, au vieux Cajarc. Mais comme ce dernier est mort l'année

---

donner un coup de main (à qn), aider qn
bûcheron, homme dont le métier est de couper les arbres
jouet, objet que l'on donne aux enfants pour s'amuser
distrait, se dit de qn qui ne fait pas attention
stupéfait, surpris au point de ne pas pouvoir parler

dernière, Léonce, tout naturellement, se trouve avoir hérité . . .»

Elle s'interrompit de nouveau. Philippe s'était levé :

«Voyons, fit-il, voyons, il ne faudrait pourtant pas qu'il y ait confusion. C'est bien de ma . . ., de Mlle Lauzès qu'il s'agit, de Mlle Ernestine Lauzès?

– Mais, oui, monsieur, de Mlle Ernestine Lauzès», répondit Mme Prunet, qui commençait à donner des signes d'*impatience*.

Jean se taisait, regardant Philippe qui essayait de cacher sa stupéfaction. La sienne, d'ailleurs, n'était guère moindre.

Philippe, cependant, semblait redevenu un peu plus maître de lui :

«Chère madame, fit-il, je m'excuse, mais je suis bien forcé d'insister encore . . . Il y a dans tout cela quelque chose de si étrange! Mlle Lauzès n'avait aucune fortune, aucune. C'est ce qu'on m'a affirmé, du moins. Et vous, vous me dites qu'elle a laissé des millions!»

Mme Prunet prit un air gêné :

«Je regrette, monsieur, je regrette pour ceux qui vous ont renseigné. Je parle de millions, et tout Sousceyrac vous en parlera comme moi. Quand Mlle Lauzès est morte, c'est Jean-Baptiste Cajarc, qui été déclaré *légataire* de Mlle Lauzès pour la totalité de ses biens, le père de Léonce Cajarc, que vous avez vu tout à l'heure. A présent, si Mlle Lauzès avait encore de la famille, cela prouve . . .»

Elle s'arrêta. Jean comprit qu'elle avait soudain l'impression d'avoir trop parlé. Philippe, lui aussi, gardait

---

impatience, le fait de ne pas aimer attendre
légataire, personne qui hérite d'après un testament

le silence. Quant à Jean, il songeait à ce qu'il y avait d'étrange dans ces affirmations *contradictoires*.

Vers 1910, Mlle Lauzès était sans fortune. C'était un fait. Moins de quinze ans plus tard, elle mourait riche de plusieurs millions. C'était un autre fait. Quels étaient les événements qui avaient pu changer la situation de la vieille fille dans de telles proportions? Il appartenait à son *neveu* de *percer* le mystère. Mais Jean sentait que, *de même que* Mme Prunet était décidée à ne plus répondre, Philippe était résolu, pour l'instant du moins, à ne pas poser d'autres questions.

Heureusement, l'appel d'une trompe d'automobile vint *rompre* le *malaise* qui se faisait sentir dans la salle à manger.

«Cette fois, c'est mon mari, dit Mme Prunet. Je vais le chercher, messieurs.»

Questions

1. Que pensez-vous de la conduite de Léonce Cajarc?
2. Quel effet produit sur Philippe la révélation que sa tante avait des millions?

---

contradictoire, qui n'est pas en accord avec ce que l'on vient de dire
neveu, fils d'un frère ou d'une sœur
percer, ici: découvrir
de même que, de la même manière que
rompre, couper; arrêter
malaise, sentiment d'être mal à l'aise

5

M. Prunet, en *bleu de travail,* après s'être excusé de son retard, consentit à prendre café et liqueurs. Philippe se dépêcha de vider son verre de cognac, et sous un prétexte vague, il disparut.

Pendant la demi-heure qui suivit, Jean eut à subir les reproches de l'hôtelier. Le cas de son auto était celui du cheval auquel on a demandé un effort trop considérable. Malgré cela, il fut assez vite réparé et le moteur tourna de nouveau joyeusement.

Soudain, on entendit cinq heures sonner. Le visage de Jean devint sombre.

«Cinq heures, déjà?

– Vous n'êtes pas si pressés que cela? dit M. Prunet.

– Nous ne sommes pas précisément en avance. Je veux être à Paris demain soir. Et j'aimerais autant ne pas rouler la nuit.

– Votre ami ne rentre pas avec vous à Paris?

– Non. Il n'a pas fini ses vacances. Il va chasser quelques jours chez des amis, près de Vierzon.

– Il a raison. Il y a beaucoup de *gibier* de ce côté. En tout cas, l'auto ne doit plus vous donner des soucis. Il suffit que vous partiez d'ici dans une heure. Nous avons le temps de prendre tranquillement l'apéritif.»

Ils s'installèrent à l'une des petites tables, sur la terrasse. Mme Prunet remplit les verres : celui de Jean, celui de son mari, celui de Philippe. Mais la chaise qui correspondait à ce dernier verre demeurait vide.

«Et votre ami? dit M. Prunet. Il ne boit pas?

– Où diable peut-il être? dit Jean d'un air impatient. Il y a un bon moment que je ne l'ai vu.

– Il est sorti quand vous vous êtes mis tous les deux à vous occuper de l'auto, déclara Mme Prunet. Il m'a expliqué qu'il voulait acheter des cigarettes.

– Alors, qu'est-ce qu'il peut bien faire? Voilà près d'une heure qu'il est parti!»

Mme Prunet hocha la tête :

«Il est allé faire une petite promenade», dit-elle.

Jean n'insista pas, mais son impatience fut sur le point de se transformer en inquiétude.

L'horloge de l'église sonna six heures, quand Philippe apparut au bout de la place. Il se dirigeait vers l'hôtel à petits pas, comme quelqu'un qui n'a aucune raison de se dépêcher.

gibier

«Je t'en prie, lui cria Jean sèchement, ne te presse pas! Sais-tu l'heure qu'il est? On voit bien que ce n'est pas toi qui conduis!»

M. Prunet prit la défense de Philippe :

«Ne le *bousculez* pas. Donnez-lui le temps de boire son apéritif. Vous avez bien encore cinq minutes.

– Cinq minutes, mais pas une de plus. M'entends-tu, au moins? Serais-tu devenu *muet,* par hasard?»

Philippe se décida à parler, mais ce ne fut point pour répondre à son compagnon :

«Vous avez, je pense, des chambres libres? dit-il, s'adressant à Mme Prunet.

– Des chambres? Certainement, monsieur», répondit-elle, sans essayer de cacher sa surprise.

Jean *bondit* :

«Quoi? Des chambres! Est-ce que tu t'imagines, maintenant, que nous allons coucher à Sousceyrac?

– Et pourquoi pas? s'écria M. Prunet. C'est ça qui serait une gentille idée, par exemple! Les lits sont bons . . .»

Jean lui *coupa la parole :*

«Je vous ai expliqué que c'était impossible, monsieur Prunet. Et mon ami sait aussi bien que moi ce qui m'oblige à être demain soir à Paris. Il doit comprendre, en conséquence, que cette plaisanterie a assez duré.»

Philippe ne *bougea* pas. Il but tranquillement son cognac. La discussion le laissait absolument indifférent.

Cette désinvolture finit par mettre Jean hors de lui.

---

bousculer, ici : presser qn à prendre une décision
muet, qui ne peut pas parler
bondir, sauter en l'air
couper la parole, (à qn), interrompre qn qui parle
bouger, changer de position

«Partons tout de suite! ordonna-t-il en se levant. Ou bien alors, reste.

– Telle est bien mon intention, répondit Philippe avec beaucoup de calme.

– Ton intention? Rester ici, seul, à Sousceyrac?

– Oui, qu'y a-t-il d'extraordinaire?

– Es-tu fou?

– Pourquoi serais-je fou? N'ai-je pas encore deux semaines devant moi? Que je les passe à Sousceyrac ou autre part . . . Où pourrais-je être mieux qu'ici?

– Voilà qui est bien parlé!» dit M. Prunet.

Jean se croisa les bras :

«Alors, ta décision est prise?

– Bien sûr. Madame Prunet, ayez donc la bonté de monter mes *bagages* dans la chambre que vous me destinez.»

Mme Prunet ne bougea point. Elle les observait tous deux, et semblait attendre de Jean l'autorisation d'exécuter l'ordre qu'elle venait de recevoir. Au bout d'un instant, elle finit par se décider et disparut dans l'escalier.

Resté seul avec ses *clients,* M. Prunet eut brusquement l'impression d'être de trop.

«Je vais chercher un cigare», murmura-t-il.

Lui parti, Philippe et Jean se regardèrent. Philippe eut un sourire gêné.

«Le pays est vraiment de toute beauté. Je suis convaincu que je ne regretterai pas . . .»

Jean l'interrompit sèchement :

«Et tes amis de Vierzon?

---

bagages (pl.), les affaires que l'on emporte en voyage
client, personne qui achète qc

– Oh! Je vais leur envoyer un télégramme. Ça sera plus poli.»

C'était Jean, à présent, qui était devenu muet. Et son silence obligeait Philippe à parler :

«Tu m'en veux de te laisser partir sans moi, n'est-ce pas?

– Tu es libre. Par exemple, tu aurais peut-être pu m'avertir plus tôt. Qu'as-tu fait, depuis deux heures que tu as disparu?

– Je me suis promené.

– *Du côté du* Pendit, sans doute?»

Philippe évita le regard de son ami.

«Oui, précisément, du côté du Pendit. Je me suis dit que je n'aurai pas l'occasion de voir avant demain la maison de ma tante, puisque je ne serai pas avec toi, ce soir, quand tu passeras devant. Mais tu *fais la tête*. Qu'est-ce qu'il y a?

– Ce qu'il y a? fit Jean. J'aimerais simplement savoir pourquoi tu as décidé de rester à Sousceyrac. Est-ce à cause du pays, de la cuisine de Mme Prunet . . . ou à cause de certaines choses?

– Quelles choses?

– Ne te conduis pas comme un enfant! T'imagines-tu que j'ai oublié tout ce qui a été dit à la fin de notre déjeuner? Encore une fois, jure-moi que ce n'est pas à cause de ces choses-là que tu restes.»

Philippe baissa la tête. Jean lui saisit la main :

«Tu vois, tu ne me réponds pas. J'ai deviné. Quand as-tu l'intention de rentrer à Paris?

– Mais, quand mes vacances seront terminées.

---

du côté de, dans la direction de
faire la tête, avoir l'air triste

– Tu ne m'as pas compris. Resteras-tu tout le temps ici, pendant ces deux semaines?

– Je ne sais pas.»

Il se tut.

Les Prunet étaient venus les rejoindre. Jean leur serra la main.

«Je vous confie mon ami. Soignez-le bien.»

Le mécanicien eut un gros rire.

«Pour cela, soyez en paix. Il vous dira s'il a manqué de quoi que ce soit!»

Philippe accompagna Jean jusqu'à la voiture.

«Veux-tu que je monte avec toi? proposa-t-il. Tu me déposeras à la sortie du village. Je rentrerai à pied.

– Non, non, ce n'est pas la peine. Je suis déjà assez en retard.

– Alors, dit Philippe, gêné, permets-moi au moins une chose.

– Quoi?

– De t'embrasser.»

Questions

1. Quel est le métier de M. Prunet?
2. Pourquoi Philippe disparaît-il subitement?
3. Sa décision de rester à Sousceyrac est-elle une surprise?

4. Pourquoi M. Prunet se sent-il de trop?
5. Quelles raisons Philippe donne-t-il pour rester à Sousceyrac?
6. Jean est-il content de rentrer seul à Paris?

6

Le lundi matin, en arrivant au ministère pour y reprendre son service, Jean eut la surprise d'apercevoir sur son bureau une lettre de Philippe. Il n'aurait pas cru que son ami lui écrirait si tôt. Il ouvrit la lettre et se mit à la lire.

Très vite, Jean comprit que ce n'était pas pour le tenir au courant de ses faits et ses gestes que Philippe s'était pressé de lui écrire. Il lui confiait un certain nombre de *commissions* dont Jean était prié de s'occuper au plus tôt. Pas un détail touchant ses projets; seulement, pour finir, une phrase un peu étrange :

«Garde-toi surtout d'expédier les objets dont je viens de te parler, au nom de Philippe Mestre. Tout le monde à Sousceyrac ne connaît et ne doit connaître que M. Oswald Régis, *artiste peintre* suisse. Ne *te trompe* pas quand tu m'écriras. Tout va bien. La cuisine est très bonne. Le temps aussi.»

Jean repoussa la lettre avec irritation.

«Voilà toujours un point acquis. Il ne quittera Sousceyrac qu'à la fin de ses vacances. Pourvu qu'il ne commette pas trop de *bêtises*!»

Jean avait trouvé au ministère beaucoup de travail en retard. A cause de son ami, il dut passer le reste de la journée à faire des courses. A sept heures du soir, pourtant, tout était heureusement terminé, et il pouvait

---

commission, chose que l'on doit acheter ou faire à la place de qn
artiste peintre, voir illustration page 40
se tromper, faire erreur; avoir des idées qui ne sont pas exactes
bêtise, erreur; faute

écrire à Philippe pour l'aviser du départ de cet étrange paquet : un livre de droit sur les testaments, un *chevalet* d'artiste, et une grande *boîte* de *tubes* de couleurs et de *pinceaux*.

Quatre jours après, Jean reçut une seconde lettre de Philippe. Le paquet venait d'arriver : tout était pour le mieux. Il avait déjà commencé un paysage, mais il chargeait Jean d'une nouvelle commande de tubes à lui expédier *d'urgence*.

C'était tout. Sur ce qu'il avait bien pu faire depuis six jours, pas un détail! Il n'avait pas cependant complètement perdu son temps, ainsi qu'on en jugera par ce qui va suivre.

Le premier matin que Philippe s'éveilla à Sousceyrac, il ne savait plus au juste où il était. Il fit un effort pour se souvenir. Il y parvint. Il sourit . . .

---

d'urgence, très vite

Après avoir fait sa toilette, il s'habilla sans se presser. Il était heureux de sentir une grande journée toute vide devant lui.

Il sortit et se mit à *errer,* au hasard, dans le village. Il fut surpris par la foule de gens qu'il rencontra. Soudain il se souvint que c'était dimanche. Comme il y avait longtemps qu'il n'avait assisté à la messe!

L'église était tout près de là. Automatiquement il se dirigea vers elle. La porte principale était fermée. Il regarda sa montre et vit qu'il n'était que neuf heures et demie. Encore une heure avant la grand' messe! Il décida de faire le tour de l'église, et arriva devant une petite porte, qui, elle, était ouverte.

Philippe entra et se dirigea vers la chapelle. Autour de la statue de saint Antoine, il y avait, comme il s'en trouve dans toutes les chapelles, quelques *ex-voto* de *marbre.* Il parcourut rapidement les signatures des *donateurs* sans supposer qu'il pouvait exister un nom qui lui soit connu. Aussi sa stupéfaction fut-elle grande quand il lut :

> En *reconnaissance* de saint Antoine,
> pour une affaire importante dont la
> réussite lui est due.

Daté du mois de septembre 1918, cet ex-voto était signé : Ernestine Lauzès.

«Ça, alors!» ne put-il s'empêcher de murmurer.

---

errer, aller çà et là
ex-voto, objet que l'on offre pour remercier Dieu
marbre, pierre très dure et très belle, utilisée par les artistes
donateur, celui qui a donné qc
reconnaissance, remerciement pour qc qu'on vous a donné

Soudain, Philippe fut ramené à la réalité. Par la porte du fond, quelqu'un était entré.

C'était un prêtre d'environ soixante-dix ans. Il eut un geste de surprise en apercevant Philippe.

«A qui ai-je l'honneur? demanda-t-il. Vous êtes étranger au pays, je suppose?

– Oui.

– Des parents, sans doute, à qui vous êtes venu rendre visite?

– Non, dit Philippe très vite. Je suis passé à Souceyrac absolument par hasard. Je me promène, pour mon plaisir. Monsieur le *curé,* voulez-vous me permettre?»

Il lui avait glissé dans la main un *billet de banque.* L'autre se mit à le remercier d'une manière telle que Philippe se sentit gêné.

«Je vous en prie, c'est si peu de chose . . .»

Mais le curé insistait.

«Peu de chose? Ah! Monsieur, voilà la meilleure preuve que vous n'êtes pas du pays. Si je vous disais que mon église se trouve *endettée* de plus de vingt mille francs . . .»

«Tiens, tiens, pensa Philippe, serais-je, *du premier coup,*

billet de banque

---

curé, prêtre catholique
endetté, (être), devoir de l'argent
du premier coup, dès la première fois

tombé juste? Je crois que voilà l'homme qu'il me faut. Ouvrons l'oreille. On n'a jamais perdu son temps à écouter une histoire d'argent.»

Il prit un air triste :

«Vingt mille francs, monsieur le curé! Comment cela peut-il être? Il n'existe donc pas de familles *aisées*, dans ce village?»

Le prêtre hocha la tête.

«Ce ne sont pas les plus *généreuses*.

– Oui, mais enfin! . . . Tenez, à l'hôtel Prunet, où je suis descendu, on m'a parlé, hier, d'une vieille demoiselle qui aurait laissé une fortune énorme . . . , plusieurs millions.»

Le visage du curé devint sombre.

«Oui, plusieurs millions. C'est la vérité. Mais je préfère ne plus parler de cette histoire. Tous mes problèmes sont venus de là. C'est le nom de Mlle Lauzès que vous avez entendu, n'est-ce pas?

– Je crois bien que c'est ce nom-là, oui.

– Eh bien, je vous répète que c'est par sa faute que je me trouve dans les difficultés que voilà. Regardez ces *échafaudages*. Ce n'est pas parce que c'est dimanche que vous ne voyez personne y travailler. Il y a six ans qu'ils sont là. On m'avait fait un *devis* de soixante mille francs, monsieur! Une somme pareille, vous vous imaginez bien que je ne l'aurais pas engagée si je n'avais pas eu de *promesses*.

– Les promesses qu'on vous avait faites n'ont pas été

---

aisé, qui possède beaucoup d'argent
généreux, se dit d'une personne qui donne plus qu'elle ne doit
échafaudage, voir illustration page 44
devis, papier sur lequel on fixe la somme que va coûter qc
promesse, chose qu'on a dit qu'on ferait

tenues?» demanda Philippe, qui paraissait prendre un intérêt surprenant à cette histoire.

Le pauvre curé haussa les épaules.

«Dix mille francs, vous m'entendez, c'est tout ce que j'ai eu, alors que Mlle Lauzès m'avait promis que j'en aurais quarante mille. Mais elle est morte. C'est bien simple, j'ai dû tout arrêter. Aujourd'hui encore, je dois à l'*entrepreneur* la somme que je vous ai dite.

– Cette demoiselle Lauzès avait de la famille? demanda Philippe à voix basse.

– Un neveu, je crois, avec qui elle était brouillée.

– C'était son *héritier naturel.*

– Oui, mais il n'a pas reçu un sou de la *succession.* Mais, je vous demande pardon. Au lieu de vous fatiguer

---

entrepreneur, personne dont le métier est de construire des maisons
héritier naturel, celui qui est, d'après la loi, héritier à cause de ses liens de famille avec le mort
succession, argent ou biens que laisse un mort

avec ces vieilles histoires, j'aurais mieux fait de me présenter : *abbé* Claparède, curé de Sousceyrac.»

«Allons, pensa Philippe, le moment est venu de sauter le pas.»

Et avec beaucoup d'*aisance* :

«Je m'appelle Oswald Régis», dit-il, et il se dépêcha d'ajouter :

«Je suis de Genève, et je suis peintre. Le pays m'a paru si beau que j'ai décidé de passer ici quelques jours.»

L'abbé Claparède avait retenu un cri.

«Peintre! En voilà une chance!»

«J'espère qu'il ne va pas commencer par exiger que je lui fasse son portrait», se dit Philippe, inquiet.

Mais l'abbé continua, sur un ton joyeux :

«Vous allez pouvoir me rendre un service, un grand service. Puisque vous êtes peintre, vous vous connaissez sans doute en tableaux anciens?

– Au moins autant qu'en tableaux modernes, répondit Philippe sans gêne.

– Oh! mais alors, c'est merveilleux. Sachez donc que j'ai au *presbytère* un tableau, un très vieux tableau. Je n'y avais jamais fait très attention. Mais des messieurs de Paris, à qui je l'ai montré, m'ont dit qu'il avait de la valeur . . . Ne pourriez-vous pas l'examiner?»

Philippe respira.

«Avec plaisir, monsieur le curé. Je suis à votre entière disposition.

– Venez donc, fit l'abbé Claparède, prendre la café avec moi, après déjeuner, à deux heures. Et maintenant,

---

abbé, nom par lequel on désigne un prêtre catholique
aisance, attitude que l'on a quand on est à l'aise
presbytère, maison où habite le curé

excusez-moi, il est dix heures et demie, et voilà déjà des gens qui arrivent.»

Philippe, demeuré seul, se décida à rester. Quel merveilleux poste d'observation! D'un seul coup, tout Sousceyrac allait lui être présenté.

Les gens arrivaient sans se presser. Quand la messe commença, Philippe constata que son ennemi de l'autre jour, Léonce Cajarc, n'était pas parmi les *notabilités* de Sousceyrac. Mais il avait encore le temps d'arriver. C'était peut-être le sien, l'unique *prie-Dieu* qui restait vide, à côté d'un vieux monsieur.

Philippe regarda avec plus de soin ce dernier personnage. Tout de suite, il éprouva de la sympathie. Un ancien *notaire,* probablement.

Philippe se promit de faire de son mieux pour entrer en rapports avec lui.

Les renseignements que Philippe espérait tenir du curé si sympathique, il aurait certes de beaucoup préféré les devoir à la jeune femme qui venait de pénétrer dans l'église. Ce fut sur le prie-Dieu libre, au premier rang, que *s'agenouilla* la nouvelle venue. Elle avait adressé, en arrivant, un léger salut à la dame placée à sa gauche, et un sourire à son voisin de droite, le vieux monsieur à la tête de notaire. Lui, il s'était penché vers elle, et il lui avait parlé à l'oreille, avec le sans-gêne d'un ami ou

---

notabilité, personne importante
prie-Dieu, chaise basse que l'on trouve dans les églises et sur laquelle on se met à genoux pour prier
notaire, homme de droit qui s'occupe des testaments, etc.
s'agenouiller, se mettre à genoux

d'un proche parent. Tournant légèrement la tête pour mieux entendre, elle avait aperçu Philippe.

C'était une femme d'une trentaine d'années. Elle portait un *tailleur* gris avec un *chapeau* de la même couleur et un *bouquet* de *violettes* attaché à sa veste. Il n'y avait rien à dire, elle avait du goût.

«Quelle est belle!» pensa Philippe.

La fin, déjà! Philippe allait-il sortir? Il décida de faire autre chose. Abandonnant sa place, il fit quelques pas et s'assit sur une chaise devenue vide, au centre de l'église. Les gens du premier rang, pour arriver jusqu'à la porte, étaient bien obligés de passer devant lui.

Il vit venir la jeune femme en gris. Le vieux monsieur suivait lentement. Arrivée à sa hauteur, l'inconnue lui fit un charmant sourire.

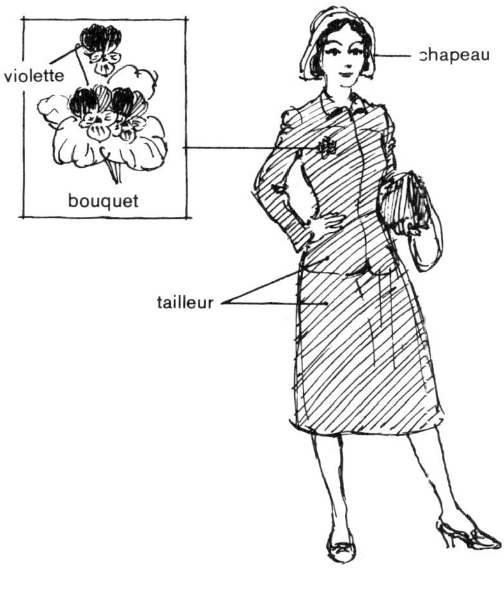

Maintenant, il n'y avait plus personne dans l'église. Philippe alors quitta sa place et s'approcha des prie-Dieu du premier rang. Il prit un air indifférent en examinant les noms marqués sur les *accoudoirs*. Ce fut ainsi qu'il apprit que le vieux monsieur sympathique s'appelait M. Antoine Labeyrie ... Quant à la jeune femme, il ne put éviter de faire un léger *sursaut*, en lisant sur son prie-Dieu le nom de Mme Léonce Cajarc.

Le soir, lorsqu'il se mit à table devant le repas que lui avait préparé Mme Prunet, Philippe était mort de fatigue, mais il avait la *certitude* de n'avoir pas perdu sa journée. Il était resté jusqu'à trois heures avec l'abbé Claparède à admirer son fameux tableau. Puis, il était parti faire un tour en auto avec M. Prunet. A présent il était de retour. Il attendait le moment d'être seul dans sa chambre pour repenser à tout ce qu'il avait appris en ces quelques heures. Il avait le droit d'en être fier. M. Antoine Labeyrie était notaire, comme l'avait deviné Philippe. Il avait marié, voilà cinq ans, sa fille unique, Armande, à Léonce Cajarc, lui-même fils unique de Jean-Baptiste Cajarc, légataire *universel* de Mlle Ernestine Lauzès.

---

accoudoir, endroit du prie-Dieu où l'on pose les coudes
sursaut, mouvement brusque causé par la peur ou la surprise
certitude, le fait d'être sûr de qc
universel, seul et unique

Questions

1. Pourquoi Philippe ne veut-il pas que l'on sache son vrai nom à Sousceyrac?
2. Pourquoi Philippe est-il stupéfait à la lecture de l'ex-voto?
3. Quels sont les sentiments du curé vis-à-vis de Mlle Lauzès?
4. Qu'apprend Philippe pendant sa première journée à Sousceyrac?

7

Il serait, je pense, fatigant et inutile de suivre Philippe pas à pas dans le travail auquel il dut se livrer durant les deux premières semaines de son *séjour* à Sousceyrac. On aura plus tôt fait de présenter au lecteur les résultats qu'il avait fini par atteindre, le jour où, les vacances terminées, il fut obligé de rentrer à Paris.

Lorsque Mme Lauzès fut amenée à quitter Sousceyrac, il paraît extraordinaire que sa fille Ernestine n'ait été prévenue de ses intentions qu'à la dernière minute. Ce fut cependant ce qui arriva. Mme Lauzès monta dans la diligence de Cahors, d'où elle ne devait plus revenir, comme si elle ne s'y rendait que pour y passer quinze jours.

Les ressources communes des deux femmes s'élevaient à cette époque à environ huit mille francs de *revenus*. Les titres de ce capital étaient aux mains du notaire de Sousceyrac, *maître* Antoine Labeyrie, l'homme de confiance de la famille. Il versait à sa cliente, tous les trois mois, les sommes qui lui *revenaient*. Quand arriva le trente septembre, date de l'une de ces quatre *échéances*, et la première qui se produisait depuis le départ de Mme Lauzès, maître Labeyrie prévint Ernestine qu'il avait ordre de lui remettre cinq cents

---

séjour, temps que l'on passe quelque part
revenu, argent que l'on touche chaque année sur un capital
maître, ici : titre donné à un homme qui a fait des études de droit
revenir (à qn), ici : appartenir, en vertu de droit, à qn
échéance, date à laquelle l'on doit toucher ou verser de l'argent

francs. Elle en conclut que c'était une *rente* de deux mille francs que sa mère avait décidé de lui faire. Trois mois plus tard, en effet, elle recevait à nouveau cinq cents francs; mais, cette fois, ce n'était plus de maître Labeyrie. Maintenant, Mme Lauzès avait ordonné à un notaire de Cahors de *gérer* son argent. Ernestine ne protesta pas, mais continua à garder ce silence auquel on était habitué.

Du reste, avec ces deux mille francs, la vie à Souscey-rac était encore possible. Elle trouva même le moyen, pendant quatre ans, de mettre de côté quelques centaines de francs, et cet argent devait être à la pauvre fille d'un grand secours pendant la période qui suivit la mort de sa mère.

D'abord, ce fut sa rente de deux mille francs qui disparut. La chose était normale, puisque tout l'*argent liquide* de la succession était allé à Mme Mestre. Ernestine n'avait qu'à *se débrouiller* avec les terres du Ségala. Mais, à cette époque, les bois ne rapportaient pas un centime, juste de quoi *se chauffer* en hiver. Avec ses économies, Mlle Lauzès pouvait vivre dix huit mois, deux ans peut-être . . . Mais après? Que faire? Vendre la maison? On connaît l'horreur qu'inspire ce mot aux habitants des campagnes. C'est une espèce de déshonneur pour les enfants de n'avoir pas su conserver les biens que leur ont *légués* leurs parents.

Les terres, alors? Il n'y avait plus que les terres! Avant

---

rente, revenu d'un capital
gérer, s'occuper des affaires, du capital de qn
argent liquide, argent en billets de banque
se débrouiller, faire ce que l'on peut avec ce que l'on a
se chauffer, faire en sorte de ne pas avoir froid
léguer, donner en héritage

de se résoudre, elle passa tout l'hiver à chercher une *solution*. Elle restait toute la journée au coin du feu, sur une chaise basse, à côté du fauteuil de Mme Lauzès, dans lequel personne ne s'était plus assis depuis le départ de la vieille dame pour Cahors.

Ce fut dans ces conditions qu'elle se décida à s'adresser à Jean-Baptiste Cajarc.

Il était *veuf*. Il venait d'envoyer, malgré le prix de la *pension*, son fils unique à l'école privée de Saint-Céré. Il habitait, à l'autre bout du village, près de la forêt, une des maisons les plus misérables de la région. Deux pièces : la chambre à coucher, avec un énorme lit, qui prenait toute la place; la cuisine, ouverte à tous les vents, avec le *trou* noir qui servait de cheminée.

Ernestine lui fit dire qu'elle voulait lui parler. Il vint.

Mme Lauzès avait *failli* avoir affaire à lui, une dizaine d'années avant. C'était lorsqu'elle s'était résolue, malgré les conseils de maître Labeyrie, à couper ses bois. Elle voulait trouver de l'argent pour faire réparer le toit du Pendit, qui menaçait ruine. Le notaire trouvait qu'il fallait vendre n'importe quoi, plutôt que de toucher aux arbres, qui pouvaient rapporter, cinq ou six ans plus tard, trois fois le prix. Mais M. Mestre s'y était opposé. Sa *belle-mère* avait donc eu affaire avec un marchand de

---

solution, réponse à un problème
veuf, homme qui a perdu sa femme
pension, école où les élèves habitent et ne rentrent chez eux que le dimanche et pour les vacances
trou, endroit creusé
faillir, être bien près de
belle-mère, mère du mari ou de la femme

bois de Bretenoux. Ce fut à ce propos qu'elle eut, un dimanche matin, une conversation avec Cajarc.

Il s'était approché d'elle, bien *humblement*, son chapeau à la main, à la sortie de la messe. Un peu surprise, elle lui avait permis de faire quelques pas avec elle.

La chose était simple. Cajarc, après avoir travaillé toute sa vie comme bûcheron, venait de *s'établir à son compte*. Si Mme Lauzès consentait à lui vendre les terres de Bretenoux, il offrait, lui, un très bon prix. Seulement, comme il débutait, il demandait un *délai* de règlement, une année à peine. Sa proposition n'eut pas de succès. Mme Lauzès avait besoin de l'argent tout de suite. Elle *renvoya* Cajarc fort sèchement. Peut-être eut-elle tort en ne l'écoutant pas davantage. La *démarche* de sa fille, dix ans plus tard, aurait été plus facile.

Cajarc pouvait avoir une cinquantaine d'années lorsque Ernestine le *convoqua* chez elle. Eté comme hiver, il portait sa blouse de paysan. Il était *borgne*. Un jour, comme il coupait une pièce de bois, une *écharde* sauta dans son œil gauche. La compagnie d'assurances lui versa cinq mille francs. Il se servit de cette somme pour acquérir le droit d'*exploiter* lui-même des bois. Grâce à cela, il doubla dans l'année son capital.

Ce fut vers cette époque qu'il fit à Mme Lauzès la

---

humblement, d'une manière modeste, comme qn d'inférieur
s'établir à son compte, devenir propriétaire de qc
délai, temps accordé pour faire qc
renvoyer (qn), faire partir qn avec force
démarche, façon de s'y prendre pour obtenir qc
convoquer (qn), demander à qn de se rendre tel jour à tel endroit
borgne, qui a perdu un œil
écharde, petit morceau de bois pointu
exploiter, ici : travailler à son compte

proposition que l'on sait. Depuis, grâce à son travail, il était devenu riche. Personne ne savait au juste ce qu'il possédait. Personne ne connaissait mieux que lui son rude métier et ne l'aimait davantage.

Quant à son argent, maître Labeyrie lui-même aurait été incapable de dire où et à quoi il l'employait.

«Oh! oh! mais c'est beau, ici», dit-il, en pénétrant dans le salon du Pendit.

Ernestine l'ayant invité à s'asseoir, il s'installa dans le fauteuil de Mme Lauzès, après s'être excusé de conserver son chapeau.

«C'est du *chêne* que vous brûlez, poursuivit-il, en regardant dans la cheminée. Par exemple! Je croyais que vous n'aviez autour du Pendit que du sapin.»

Elle dut lui expliquer que la *bûche* en question ne venait pas du Pendit, mais du petit bois qu'elle possédait tout près de là. Il secoua la tête.

«En ce cas, il y a des chances pour que ce soit la dernière bûche. Je connais vos trois bouts de terres. Il n'y reste plus un arbre capable de fournir une bûche pareille. On vous les a arrangés d'une étrange façon, vos bois, il y a dix ans. Comme coupe, je n'ai rien vu de *mieux*. Vous n'en tirerez pas un sou avant 1920. Ah! si votre mère m'avait écouté! . . .»

Il *se doutait* bien qu'elle ne l'avait pas fait venir unique-

---

chêne, arbre très beau et très cher, avec lequel on fait des meubles
bûche, morceau de bois coupé, que l'on met dans la cheminée pour se chauffer
mieux, ici : ironiquement
se douter, supposer; croire

ment pour le plaisir de causer avec lui, et, en bon commerçant, il commençait par *déprécier* la marchandise.

Ernestine cherchait ses mots. Elle ne savait comment commencer.

«Evidemment, monsieur Cajarc. Aussi, vous le voyez . . . , j'ai besoin de votre conseil.»

Il la regarda, *feignant* d'être étonné.

«Allons donc! En quoi puis-je vous être utile? Un pauvre marchand de bois! . . .

– Justement.

– Vous voulez acheter du bois?

– Non, monsieur Cajarc.

– En vendre, alors? M'en vendre? Mais c'est que je comprends de moins en moins. Puisque je viens de vous dire que tout est coupé chez vous, qu'il n'y a plus rien.»

Elle ne savait comment s'expliquer.

«Monsieur Cajarc, commença-t-elle, je vous remercie d'être venu. Ecoutez-moi. Les circonstances . . .»

Il lui coupa la parole.

«Parlons net, fit-il, vous avez besoin d'argent.»

Elle baissa la tête.

«Oui, dit-elle faiblement.

– Mais, il fallait le dire. Il n'y a pas de déshonneur à cela. Et . . . comment voyez-vous cette affaire?»

Elle fit un grand effort.

«On m'a dit qu'à l'occasion vous achetiez des terrains.»

Il parut étonné.

«On vous a dit, on vous a dit . . . Les gens feraient mieux de se taire. Enfin, allons-y. Vous voulez me vendre du terrain. Quel terrain?

---

déprécier, enlever de la valeur à une chose
feindre, faire comme si

– Peut-être n'ignorez-vous pas, murmura-t-elle, que je possède du côté de Laval-de-Cère . . .

– Comment?»

Il s'était levé.

«Ecoutez, mademoiselle Lauzès, j'ai beaucoup de respect pour vous, mais restons-en là.

– Il est d'une jolie dimension, dit-elle, perdant la tête.

– Oui, et d'une jolie qualité aussi. N'insistez pas, je le connais. Vous me le donneriez pour rien, vous m'entendez, pour rien, que je refuserais. Ah! on ne peut pas dire que vous avez le sens des affaires dans votre famille!

– Je ne demande pas mieux que de faire des progrès, dit-elle, en s'efforçant de sourire.

– Bravo! Voilà qui est bien parlé. Eh bien, on va tâcher de voir les choses comme elles sont. Qu'est-ce qu'il vous faut, par an, pour vivre, sans *faire des folies,* naturellement?

– Je pense qu'avec deux mille francs . . .»

Cajarc parut réfléchir.

«Laissez-moi faire! J'ai besoin de quarante-huit heures, au moins. Je serai chez vous après- demain.»

Deux jours plus tard, dans la soirée, selon sa promesse, il était chez elle. Il lui présentait un contrat d'après quoi elle lui donnait ses propriétés à gérer et, *en revanche,* lui louerait ses bois pendant seize ans pour deux mille francs par an.

Les mains de Mlle Lauzès tremblaient, en signant le contrat, à l'idée de recevoir deux mille francs par an, ce qui lui donnait la certitude de mourir tranquille. Cajarc,

---

faire des folies, ici : faire de grosses dépenses d'argent
en revanche, ici : en compensation

lui non plus, n'était pas mécontent. Il venait d'acheter trente-deux mille francs ce qu'il était sûr de revendre un jour quatre-vingt-dix mille.

Questions

1. Quels rapports avait, à votre avis, Mme Lauzès avec sa fille?
2. Pourquoi Ernestine Lauzès doit-elle vendre ses terres?
3. Jean-Baptiste Cajarc vous apparaît-il comme un homme agréable?
4. A quels détails peut-on voir que Jean-Baptiste Cajarc connaît bien son métier?

8

Quinze ans avaient passé. La guerre touchait à sa fin. A Sousceyrac, comme ailleurs, des gens étaient devenus riches; d'autres étaient devenus pauvres. Le notaire Labeyrie avait été de ces derniers. Cajarc, en revanche, ne paraissait pas avoir été trop éprouvé par les événements. Son fils, sous-officier de l'armée, avait été blessé au début de la guerre. Plusieurs fois, il était venu à Sousceyrac, et son bel uniforme attirait chaque fois des regards admiratifs.

Cajarc, sans vouloir l'avouer, était très fier de Léonce. Il avait abandonné sa petite maison misérable pour s'en faire construire une plus grande. Léonce l'avait menacé, s'il ne le faisait pas, de ne plus remettre les pieds à Sousceyrac.

Mlle Lauzès, elle, avait dépassé la soixantaine. Elle n'avait guère changé. Rien ne pouvait lui faire prévoir l'événement qui allait *bouleverser* les dernières années de son existence.

Cajarc lui avait payé chaque année ses deux mille francs, grâce auxquels elle s'était arrangée, naturellement, pour mettre un peu d'argent de côté. Elle voyait venir sans angoisse la date à laquelle cette rente allait cesser. Les bois qu'elle avait vendus étaient devenus magnifiques. Elle *se rendait compte* de tout l'argent que toucherait Cajarc, lorsqu'il les couperait. Elle préférait n'y pas penser.

Au début d'août, elle reçut la visite de Cajarc. Il ne

---

bouleverser, marquer profondément; transformer
se rendre compte, comprendre

venait normalement au Pendit que pour lui apporter son argent. De quoi pouvait-il avoir à lui parler?

Il semblait moins à son aise que d'habitude.

«Ecoutez-moi. Il y a une chose dont je veux vous parler. C'est au sujet de vos autres terrains, ceux que vous possédez du côté de la Cère, vous savez?

– Ceux dont vous m'avez dit qu'ils ne valent pas un centime?»

Cajarc parut de plus en plus gêné.

«Je maintiens mon opinion. Pour d'autres acheteurs, ils ne vaudraient rien. Mais moi, je leur trouverai peut-être un usage . . .

– Ah! ah!

– Oui, une *scierie* que je songe à construire. Je viens d'acheter des bois, tout près de là . . . Inutile d'ajouter que ce ne serait pas une mauvaise affaire pour vous.»

Il avait tiré un papier de sa blouse.

«Qu'est-ce que c'est que ça? demanda-t-elle.

– Un petit projet de vente que j'ai préparé à tout hasard. J'ai *laissé les chiffres en blanc.*

– Donnez-moi votre projet. Je l'étudierai.

– Est-ce que vous ne croyez pas qu'il serait préférable de régler la chose tout de suite?»

Elle fixa sur lui ses petits yeux perçants. Elle constata qu'il *transpirait.*

«Je vous dis que je veux réfléchir», répéta-t-elle.

Il perdit toute *prudence.*

«Si vous consentiez à signer maintenant, je vous

---

scierie, endroit où l'on coupe le bois
laisser les chiffres en blanc, laisser la place vide pour mettre les chiffres
transpirer, avoir très chaud
prudence, le fait de faire attention

donnerais un bon prix, vous savez. Quarante mille francs. C'est une somme. Non? Alors, peut-être j'irais jusqu'à cinquante mille . . .»

Il ne proposait plus, il suppliait.

«Je vous répète que je veux réfléchir.»

Il essaya de menacer.

«J'ai peut-être, commença-t-il, les moyens de vous faire regretter . . .

– Vraiment? fit-elle froidement. Eh bien, laissez-moi ce papier, ou prenez-le. Est-ce compris?»

Cajarc comprit qu'il perdait son temps. Il salua, sortit en vitesse.

Parvenu au milieu de l'allée de sapins, il ne put retenir davantage sa colère.

«*Zut!* zut! zut! s'écria-t-il, arrachant son chapeau et le jetant par terre. J'arrive trop tard. Elle est prévenue.»

Mlle Lauzès, cependant, avait pris une lettre cachée dans son livre de messe. Elle la relut tranquillement, sourit. C'était une demande de rendez-vous. Un certain M. Amblard lui écrivait de Paris qu'il viendrait la voir à Sousceyrac, pour une affaire importante. Il indiquait la date du 11 août. On était le 7.

La vieille fille ne recevait guère de visite, et jamais de lettres. La lettre de M. Amblard, arrivée la veille, et aujourd'hui la visite de Cajarc ne pouvaient pas être sans rapport.

Elle s'habilla, et prit le chemin du presbytère, sur la belle route pleine d'ombre.

«Mademoiselle Lauzès! Quelle surprise!»

L'abbé Claparède avait sursauté en l'apercevant. Il ne

---

zut!, petit mot court pour exprimer son mécontentement

la voyait guère que le dimanche, à la messe.

«Monsieur le curé, imaginez-vous une minute que nous sommes au *confessionnal*. C'est-à-dire que je vous demande un secret absolu sur la conversation que nous allons avoir. Vous qui connaissez beaucoup de monde dans le pays, connaissez-vous monsieur Léon Amblard?»

Le prêtre ouvrit de grands yeux.

«Non. Il n'est pas d'ici.

– Je ne crois pas, en effet. Autre chose. Avez-vous, ces derniers temps, entendu parler de Laval-de-Cère?

– A quel propos?

– Je ne sais pas. A propos de travaux qu'on se préparerait à y faire, par exemple.

– Quelles questions vous me posez là! fit l'abbé Claparède. Attendez, pourtant . . . L'autre jour, il me semble . . . J'ai déjeuné chez l'abbé Pradines, curé de Bretenoux. Il avait reçu le matin la visite d'un monsieur de Paris, qui revenait précisément de Laval-de-Cère.

– Ah! dit-elle, il y a des gens de Paris qui se promènent ces jours-ci à Laval-de-Cère. C'est une *coïncidence*. Et quel est le nom de ce monsieur?

– Je l'ignore. L'abbé Pradines ne me l'a pas dit.»

Ernestine s'était levée.

«Monsieur le curé, il me faut ce nom tout de suite. Vous allez téléphoner à l'abbé Pradines.»

L'abbé Claparède ouvrit de grands yeux : Mlle Lauzès parlant de téléphoner!

«Courez à la poste, monsieur le curé. Il s'agit d'une affaire importante, une affaire dans laquelle, si elle réussit, vous ne serez pas oublié.

---

confessionnal, endroit où l'on dit ses secrets au curé
coïncidence, rencontre inattendue de deux choses ou de deux événements

– J'y vais, j'y vais, dit le curé.
– Moi, je vous attends à l'église.»

Au bout d'une heure, l'abbé Claparède fut de retour.

«Mademoiselle, mademoiselle, lui dit-il, tout *essoufflé,* le monsieur dont vous m'avez dit le nom, c'est celui qui est allé voir l'abbé Pradines. Vous le connaissez? Voilà qui est étonnant!»

Elle eut un sourire de triomphe.

«Moins que vous ne croyez, monsieur le curé.»

Elle était à côté du *tronc des offrandes* à saint Antoine. L'abbé Claparède la vit retirer un billet de cinquante francs. Elle le glissa dans le tronc, du côté réservé aux promesses . . .

«Et maintenant, murmura-t-elle, ce monsieur peut venir. Je l'attends.»

Parmi les grandes dates de la guerre, il en fut peu qui firent dans Sousceyrac, autant de bruit que cette journée de fin de septembre 1918, où le village apprit avec stupéfaction que la *chute d'eau* et les trente-sept hectares de terrain possédés par Mlle Ernestine Lauzès dans la vallée de la Cère venaient d'être achetés par la Compagnie Générale Hydro-Electrique un million cent mille francs.

tronc des offrandes

essoufflé, qui a perdu son souffle

chute d'eau

Pendant près de deux mois, une bataille extraordinaire s'était livrée entre la puissante compagnie et la propriétaire des terrains. A la cinquième visite de M. Amblard seulement, Mlle Lauzès avait consenti, avec un petit sourire.

L'échange des signatures eut lieu une demi-heure après chez maître Labeyrie qui devint pâle en entendant le chiffre de prix de vente. Ernestine l'observait, triomphante. Dans le même instant, au fond de sa petite maison neuve, Jean-Baptiste Cajarc devait être en train de mourir de désespoir.

Questions

1. Pourquoi Cajarc veut-il subitement acheter les terrains de Mlle Lauzès?
2. Pourquoi Ernestine demande-t-elle au curé de garder le secret?
3. Pensez-vous que Mlle Lauzès n'ait pas le sens des affaires?

9

On était le deuxième lundi d'octobre. Le matin de ce jour-là, Jean était en train de travailler dans son bureau quand quelqu'un frappa. La tête de Philippe apparut derrière la porte.

«Toi? Du diable si j'espérais . . . Je suis bien content. Entre.»

Mais Philippe, mystérieusement, mit un doigt sur ses lèvres.

«*Chut!* Je suis pressé. Tu es libre pour dîner aujourd'hui avec moi, n'est-ce pas?

– Bien sûr. Où ça? Mais entre donc!

– Je te répète que je suis pressé. A ce soir, sept heures et demie, chez Henry, place Gaillon.

– Qu'est-ce qu'il lui prend? murmura Jean, quand la porte s'était refermée. Ça, alors . . . Enfin, le voilà de retour, c'est le principal.»

Il poussa un soupir de satisfaction, car il était sans nouvelles de son ami depuis plus d'une semaine.

Il fut exact au rendez-vous. Philippe arriva un quart d'heure plus tard, portant un énorme paquet sous le bras.

«Qu'est-ce que c'est que ce paquet? demanda Jean. Le testament de ta tante?»

Mais Philippe ne plaisantait pas.

«Assieds-toi. J'ai à te parler. Commandons tout de suite notre dîner, car nous avons juste le temps de discuter.»

Il abattit son *poing* sur la table.

---

chut!, mot pour demander le silence
poing, la main fermée

«Garçon, la carte, et tout de suite! . . .

– Qu'as-tu fait ce matin? demanda Jean, quand de nouveau ils furent seuls. Je t'ai appelé à ton bureau, mais tu n'y étais pas.

– Je suis arrivé par le premier train, et j'étais chez toi à onze heures moins cinq. A onze heures j'avais rendez-vous avec le directeur du personnel.

– Et qu'est-ce que tu avais à faire avec lui?

– Lui demander de prolonger mon *congé* de trois mois.

– Trois mois! Alors . . . tu repars?

– Naturellement.»

Ils se turent. Jean, les coudes sur la table, semblait distrait.

«Alors, tu m'écoutes, dit enfin Philippe. Nous n'avons pas trop de temps, tu sais. Je prends le train pour Sousceyrac à 11 heures 40. M. Prunet vient me chercher demain matin à la gare, avec son auto.

– Au moins, tu ne seras pas resté trop longtemps à Paris, constata Jean. Et jusqu'à quand as-tu l'intention de rester là-bas?

– Jusqu'à ce que je n'aie plus rien à y faire.

– Eh! mais, voilà qui est précis. Et qu'as-tu fait ce matin, entre l'arrivée du train et ton rendez-vous chez le directeur du personnel, si je ne suis pas trop indiscret?»

Pour toute réponse, Philippe ouvrit son *portefeuille,* et en tira une *liasse de billets* de dix francs qu'il jeta sur la table.

«Ça alors! tu as gagné aux *courses?*»

---

congé, autorisation de quitter son travail pour un certain temps
portefeuille, liasse de billets, voir illustration page 66
courses, ici : courses de chevaux

Mais Philippe paraissait trop sûr de lui pour supporter la moquerie.

Il était en train d'ouvrir le gros paquet. Jean vit qu'il contenait une douzaine de toiles neuves, et trois autres, hélas! qui ne l'étaient plus.

Philippe disposa ces dernières sur la table voisine. Puis, il se recula, et se mit à les regarder avec attention.

«Que dis-tu de ces petits paysages?»

Jean demeurait sans voix.

«C'est toi qui as peint ces ... choses? finit-il cependant par prononcer.

– C'est moi, oui; ou plutôt Oswald Régis. Quand je pense que je n'ai jamais pris une seule leçon!»

Jean éclata.

«En voilà assez! Tu ne vas pas me faire croire qu'il y a un rapport *quelconque* entre ça et l'argent que tu as dans ta poche?»

Philippe lui lança un regard de pitié.

«Mon pauvre Jean, mais je *n'y suis pour rien.* Laisse-moi t'expliquer. Venant à Paris pour mon congé, j'ai eu l'idée de prendre avec moi les quatre toiles que j'avais

---

quelconque, n'importe lequel
n'y être pour rien, ne pas être responsable de

achevées, afin de les soumettre à mon ami Goldstein, qui tient une galerie d'art, rue de la Boétie. Qui peut jamais savoir? Je n'ai pas eu une mauvaise idée. Goldstein a été plein d'enthousiasme : «Quel tempérament! s'est-il écrié. Tu es l'homme qu'il me faut, mais surtout ne change pas ta manière!» Ensuite, il m'a tout de suite fait signer un contrat m'assurant pendant trois ans cinq mille francs par mois, à compter comme une avance sur mes tableaux. J'ai eu beaucoup de difficulté à obtenir l'autorisation d'emporter ces toiles, que je désirais te montrer. J'ai promis que tu les lui rapporterais demain matin. Eh bien, que penses-tu de ma façon de me débrouiller?

– Je pense, dit Jean, qu'il n'y a jamais eu probablement une époque plus ridicule que la nôtre. Enfin, si les gens sont devenus fous, *autant que* ce soit toi qui en profites. Mais tu me fatigues avec tes histoires de tableaux, parle-moi plutôt de la fortune de Mlle Lauzès. Elle s'est sûrement faite d'une façon moins immorale que la tienne.

– Oui, tu as raison. Voici les faits. En plus des forêts de Laval-de-Cère, ma tante possédait la forêt de la Bessonies, comme je te l'ai déjà dit. Si, dans l'affaire de Laval, ma tante Ernestine avait réussi à ne pas être *roulée* par Cajarc, dans l'affaire de la Bessonies, ce fut elle qui trouva moyen de le rouler.

– Vraiment! fit Jean. Elle avait fait des progrès.

– Beaucoup. Et maintenant, je vais te parler du testament de ma tante. L'affaire de la Bessonies date de 1920. Ma tante est morte en 1922. Le succès et la fortune

---

autant que, aussi bien, ou mieux
rouler (qn), ici : tromper qn (fam.)

avaient singulièrement changé son caractère. Son goût de la *solitude* avait disparu. Elle était devenue plus ouverte, autoritaire. Labeyrie et Cajarc n'ayant pu s'empêcher de l'admirer pour son talent dans les affaires, elle avait fait d'eux ses deux fidèles *serviteurs*. Et eux, de leur côté, pensaient bien un jour être payés de la tyrannie que Mlle Lauzès ne s'arrêta pas pendant trois ans de faire peser sur eux. Ce fut elle qui, en 1922, décida qu'Armande Labeyrie épouserait Léonce Cajarc. Jamais elle n'avait été plus *avare*. La veille du mariage, lorsque, selon l'habitude, les *cadeaux* furent exposés dans le salon de maître Labeyrie, on cherchait en vain parmi eux celui de la tante Ernestine. Elle n'éprouva aucune gêne à en faire elle-même la reflexion.

«– C'est moi qui t'ai donné le plus beau cadeau de tous, dit-elle à Armande : ton mari.»

«Armande ne dit rien. Mais le froid regard qu'elle lui lança signifiait sans doute qu'elle aurait pu *se passer de* ce cadeau-là.

– Qu'est-ce qui te fait parler ainsi? demanda Jean. D'après toi, Mlle Labeyrie aurait été forcée de se marier?

– Tu as vu Léonce Cajarc, reprit Philippe avec une certaine violence. Pourrais-tu admettre qu'une jeune fille, jolie et intelligente, ait accepté un pareil *mufle,* si elle n'y avait pas été forcée?

– Ah! fit Jean. Mme Cajarc est jolie et intelligente? Il fallait le dire. Tu l'avais oublié.

---

solitude, le fait de vivre seul
serviteur, homme au service de qn
avare, qui aime trop l'argent pour vouloir le dépenser
cadeau, objet offert pour faire plaisir à qn
se passer de, vivre sans
mufle, individu peu délicat, aux manières brutales (fam.)

– Peu importe. Tu en sais maintenant assez sur la mentalité de ma tante, au moment où elle demanda à maître Labeyrie de *rédiger ses dernières volontés*. Plus que tout le reste, la forme compliquée du testament est significative.

– Je comprends. Passons à un autre ordre d'idées. Supposons qu'il y ait eu *fraude,* dans le testament, pour te *déshériter*. Quand et comment cette fraude aurait-elle pu être commise?

– Quand? Sûrement après la mort de Mlle Lauzès.

– Bien. Nous arrivons alors à la seconde question : Comment?

– En imitant la signature de la vieille fille, bien entendu. Surtout lorsqu'elle n'est plus là pour protester, et qu'il ne reste qu'un vague neveu, qui n'a jamais donné de ses nouvelles, et dont on espère bien n'entendre jamais parler.

– Je comprends ta pensée, dit Jean. Mais les six témoins qui ont signé au moment où Mlle Lauzès a déposé son testament chez maître Labeyrie, ils sont bien vivants ceux-là.

– Certes, mais encore faudrait-il qu'ils aient été présents, le jour de l'ouverture du testament, pour reconnaître leurs signatures.

– Et . . . n'y étaient-ils pas?»

Philippe eut un geste pour signifier son ignorance.

«Enfin, nous verrons bien, dit-il. En attendant, quelle heure est-il? Eh! eh! tout près de onze heures. Je paie et je demande un taxi.

– Il y a une chose que je ne comprends toujours

---

rédiger ses dernières volontés, écrire son testament
fraude, faute grave de tromperie
déshériter, ne pas donner à qn sa part d'héritage

pas, dit Jean. Si notre supposition du faux testament correspond à la vérité, l'auteur de ce crime n'en aura pas été le *bénéficiaire*. Car c'est Jean-Baptiste Cajarc qui a hérité, et non maître Labeyrie.

– C'est vrai, répondit Philippe. Mais j'ai oublié de te dire que quelque chose venait de *surgir,* ou plutôt quelqu'un, qui les mettait tous les deux d'accord.

– Qui?

– Leur petit-fils, né un peu avant la mort de ma tante.

– Armande et Léonce Cajarc ont un enfant?

– Oui, un petit garçon de quatre ans.

– On peut dire qu'il aura été aimé par ses grands-pères, celui-là!» murmura Jean.

Le garçon venait d'avertir Philippe que le taxi était là.

«Allons, au revoir Philippe, dit Jean. A bientôt et, surtout, pas trop d'imprudences, n'est-ce pas?»

---

bénéficiaire, celui qui profite d'une chose
surgir, apparaître brusquement

Questions

1. Pourquoi Philippe prend-il un air mystérieux quand il va voir Jean au bureau?
2. Est-ce que Jean apprécie les tableaux de Philippe?
3. Que pensez-vous des changements dans le caractère de Mlle Lauzès?
4. Quels sont les sentiments de Philippe vis-à-vis de Léonce Cajarc?
5. Pourquoi Jean dit-il que le petit garçon d'Armande et Léonce Cajarc aura été aimé par ses grand-pères?

10

«Ah! vous voilà, monsieur, s'écria M. Prunet en accueillant Philippe au train. Je suis vraiment content. Ma femme et moi, nous avions si peur de ne pas vous voir revenir.

– Pensez donc, monsieur Prunet, je me trouve trop bien à Sousceyrac.

– Alors, rentrons vite, car vous êtes aujourd'hui invité à déjeuner au presbytère. A part vous, il y aura le docteur Poujade et Madame, ainsi que maître Labeyrie et sa fille.

– Ah!» murmura Philippe, sur un ton de parfaite indifférence.

Et pendant tout le *trajet,* Philippe songea à la triste beauté de la femme de Léonce Cajarc. Il ne voulait pas se l'avouer à lui-même mais, sans elle, sans le désir de créer entre eux un *lien,* Philippe ne serait sans doute pas retourné à Sousceyrac.

Après le départ de Jean et le fameux dimanche où Philippe avait vu Armande Cajarc à la messe pour la première fois, il avait réussi très vite à lui adresser la parole. Trois jours après son arrivée à l'hôtel Prunet, il avait appris que Léonce Cajarc était parti pour une période de vingt-huit jours dans le 10e régiment, où il était sous-officier.

Chaque jour, après le déjeuner, Mme Cajarc sortait avec son petit garçon pour une promenade d'une heure.

---

trajet, distance pour aller d'un endroit à un autre
lien, tout ce qui attache, unit; ici : amitié

D'habitude, elle quittait le Pendit par l'allée de sapins, faisait quelques centaines de pas sur la route, puis, tournant à droite, rentrait à la villa par un *sentier* dans la forêt.

Ce fut au beau milieu de ce sentier que Philippe vint s'établir un après-midi, avec son *pliant,* son chevalet et ses pinceaux.

Dans le silence de la forêt, il les entendit venir de loin. L'enfant posait des questions, auxquelles elle répondait distraitement. Il faisait encore chaud pour la saison. Elle était habillée en blanc. Il apercevait, par instants, entre les *buissons,* sa robe claire. *A mesure qu'*elle avançait, il sentait son cœur se remplir d'émotion. Une minute encore à attendre, et elle serait là. Il s'écarterait pour la laisser passer; il la saluerait. Elle serait bien obligée de répondre. On verrait, alors . . .

Mais un incident imprévu vint menacer ces beaux projets. Armande et son fils n'étaient pas seuls. Ils étaient précédés par un énorme chien. Philippe n'éprouva aucun plaisir à voir la redoutable bête apparaître au tournant du chemin. Il était là, le *reniflant,* prêt à bondir.

«Toto, ici!

– Je vous en prie, madame, laissez-le.»

Et il se mit à le *caresser.*

«Monsieur, faites attention!

– Mais non, madame, mais non. Vous voyez comme il est gentil.»

---

sentier, petit chemin étroit
pliant, buisson, voir illustration page 74
à mesure que, en même temps que
renifler, aspirer fortement par le nez
caresser, toucher en signe d'affection

buisson
pliant

Elle sourit. Le petit garçon, repoussant Toto qui grognait toujours, s'approcha de Philippe.

«Maman, regarde : une boîte de couleurs!

– Roger, veux-tu être sage!

– Laissez-le, madame. Il est très gentil, lui aussi.»

Et Philippe tendit un de ses pinceaux à l'enfant, qui se mit, tout de suite, à peindre partout sur la pauvre toile neuve.

«Monsieur, je suis confuse. Roger, encore une fois . . .

– Ne l'empêchez pas de s'amuser, madame. Vraiment, quel beau petit garçon!»

Il était furieux de ne rien trouver de mieux à dire. Il se contentait de regarder, de manière presque suppliante, Armande Cajarc. Il avait envie de lui crier : «L'argent en vue duquel on vous a vendue, eh bien, il n'appartient pas à ceux qui vous ont achetée. C'était à moi qu'il aurait dû revenir. C'est ma femme que vous auriez dû être, et non celle de Léonce Cajarc.»

En attendant, il aurait dû lui dire son nom, se présenter. Mais voilà quelque chose qu'il n'avait pas prévu! «Oswald Régis.» Il ne s'était pas préparé, vis-à-vis d'elle, à ce *mensonge*.

«Viens, Roger. Il ne faut pas que tu prennes froid.»

Elle fit à Philippe un petit signe de tête. Et elle partit.

Il l'avait revue plusieurs fois. D'abord, le lendemain à la messe et, ensuite, l'après-midi chez son père, qui avait l'habitude de recevoir le dimanche, à cinq heures, les notabilités du village. Grâce à l'abbé Claparède, Philippe avait fait la connaissance de maître Labeyrie, et celui-ci l'avait invité à venir se joindre à eux.

---

mensonge, le contraire de la vérité

A présent, Philippe était en train de prendre le café, après le déjeuner, à côté d'Armande.

Assis dans le petit salon de l'abbé Claparède, il *rayonnait*.

«Puis-je vous demander des nouvelles de votre fils? commença-t-il. Comment va-t-il?

– Bien, je vous remercie.

– Je me suis permis de lui rapporter de Paris un petit souvenir.

– Vous êtes trop bon.

– C'est vous qui seriez bonne, si vous me permettiez de venir le lui offrir.»

Elle posa sur lui ses yeux noirs, qui savaient, lorsqu'il le fallait, s'ouvrir tout grands.

«Pourquoi pas? dit-elle simplement.

– Vous voulez! ... Quand aurai-je le moins de chances de vous déranger?

– Et vous, fit-elle, quelle est l'heure que vous choisiriez?

– Celle où je serais sûr de ne rencontrer que vous, fit-il très bas.

– Oh! dit-elle, faites attention. Cette heure-là, c'est l'heure de Toto.

– Peu m'importe! S'il vous aime, il me laissera passer.»

La jeune femme baissa les yeux. Que n'aurait-il pas donné, en cet instant, pour pouvoir la prendre dans ses bras!

Il n'était plus maître de lui. Il continua :

«Ecoutez-moi, écoutez-moi. Pourquoi ne l'avouerais-je pas? L'autre jour, quand vous m'avez quitté, quand vous avez disparu, derrière les buissons, tout s'est

---

rayonner, ici : paraître très heureux

mis à tourner devant mes yeux. Soudain, il n'y a plus eu les arbres, ni les montagnes, ni le ciel ... Je me suis trouvé si seul, si triste.»

Sans se presser, elle s'était levée. Elle alla vers l'abbé Claparède :

«Voulez-vous que je mette une bûche dans la cheminée, monsieur le curé?

– Madame, je vous en prie, ne vous donnez pas cette peine. Mais si vous insistez, je vous laisse faire . . .»

La nuit était tombée depuis longtemps, lorsque les invités de l'abbé Claparède se séparèrent.

«Vous rentrez au Pendit? demanda Philippe à Armande. Permettez-moi de vous y reconduire.

– Non, dit-elle très bas. Je passe la soirée chez mon père.

– N'avez-vous pas déjà oublié que vous m'avez autorisé à venir vous voir?

– Je n'ai rien oublié. Je vous ferai signe. C'est promis.»

Questions

1. Quelles sont les vraies raisons de Philippe de retourner à Sousceyrac?
2. Pourquoi Philippe laisse-t-il Roger jouer avec ses couleurs?
3. Pourquoi Armande propose-t-elle de s'occuper du feu?

11

«Pourquoi ne dînerais-tu pas avec moi? demanda M. Labeyrie à sa fille, quand ils furent tous les deux dans son *cabinet de travail.*

– Je ne peux pas, répondit-elle, à cause de Roger. Je l'ai quitté depuis ce matin. Mais je resterai une heure avec vous, si vous voulez. Je lirai les journaux.

– Tiens, les voilà!»

Il lui en donna trois ou quatre. Ensuite, il s'installa dans son fauteuil, devant son bureau, et se plongea dans la lecture de son journal. L'*abat-jour* de la lampe n'éclairait que la table de travail. Il laissait dans une obscurité relative le reste de la pièce.

«Y vois-tu assez? demanda-t-il.

– Oui, dit Armande, qui, assise en face de lui, de l'autre côté du bureau, avait sur ses genoux un journal, qu'elle ne lisait d'ailleurs pas.

---

cabinet de travail, petite pièce, dans une maison, où l'on travaille

– Nous avons passé, après tout, une agréable journée, n'est-ce pas? poursuivit le père.

– Oui.

– Les Poujade sont malheureusement bien communs. Mais ce M. Régis est un garçon fort sympathique. N'est-ce pas ton avis?

– Oui.

– Nous devrions faire un dîner ici, avant le retour de ton mari. J'aurais voulu inviter ce garçon avec monsieur le curé. Qu'en penses-tu?

– Je pense que vous avez raison, dit-elle. Quel âge lui donnez-vous?

– A qui? demanda-t-il, surpris.

– A M. Régis.

– Quel âge je lui donne? De trente-cinq à quarante ans. Pourquoi?

– Pour rien.

– Vraiment, ma chère petite, on ne peut pas dire que tu sois trop *bavarde,* aujourd'hui.»

Elle ne parut pas avoir entendu.

«Je voudrais vous poser une autre question, fit-elle. Mlle Lauzès avait bien un neveu, n'est-ce pas?

– Oui. Pourquoi me demandes-tu cela?

– Pour rien. Comment s'appelait-il?»

Le notaire eut un léger sursaut.

«Mestre. Il s'appelait Mestre. Quand à son *prénom,* je ne m'en souviens pas. C'était le fils de la sœur de Mlle Lauzès, mariée à un juge de Cahors. Des gens qui se sont très mal conduits avec moi ... comme avec Mlle Lauzès, d'ailleurs.

---

bavard, qui parle beaucoup
prénom, nom particulier donné à chaque enfant à sa naissance

– Qu'est devenu son neveu?

– Comment veux-tu que je le sache! Il habite Paris, je crois. En tout cas, il a quitté le pays.

– Et vous n'avez pas idée de l'âge qu'il peut avoir?»

Le notaire *tressaillit*. Armande venait de se pencher brusquement vers lui. Le pâle visage de la jeune femme, avec ses yeux fixes et grands ouverts, paraissait immense.

«Qu'est-ce que tu vas chercher là? *balbutia*-t-il. Deviens-tu folle? Qu'as-tu besoin de me parler du neveu de Mlle Lauzès, à propos de M. Régis?

– Si c'était lui!» dit-elle.

Il ne la voyait plus. Sa tête se mit à tourner. Il l'entendait seulement, à voix plus basse, qui répétait :

«Si c'était lui!»

Il dit avec effort :

«Armande, ma pauvre enfant, explique-toi, je t'en supplie!

– Ce n'est peut-être pas lui, n'est-ce pas? Et même, d'ailleurs, aurions-nous quelque chose à craindre, si c'était lui?

– Que veux-tu que nous ayons à craindre?

– C'est vous qui m'adressez cette question. Mais ne serait-ce pas plutôt à moi de vous la poser?»

Il ne répondit pas. Son visage était devenu soudain jaune, et il tremblait de tout son corps.

«Qu'avez-vous donc?» finit-elle par demander.

Il parvint à sourire :

«Rien, ma petite fille, je t'assure. Peut-être aurais-je

---

tressaillir, trembler soudainement, sous l'effet de la surprise
balbutier, prononcer mal, avec hésitation

pris froid. Tiens, touche ma main, elle est brûlante.»

Il la lui tendit, par-dessus la table. Armande ne prit pas cette main. Elle se leva de sa chaise et se mit à marcher de long en large dans la pièce.

«Es-tu certaine que c'est lui? poursuivit-il très bas.

– Nous verrons cela plus tard. Pour l'instant, faisons comme si c'était lui. Vous sentez-vous mieux?

– Oui, je crois.

– Assez pour soutenir une conversation qui peut être longue, qui peut être pénible, vous comprenez?»

Les yeux du père se remplirent d'angoisse.

«De quoi veux-tu parler? balbutia-t-il.

– Vous le savez bien. Et vous auriez intérêt à faire un peu plus confiance à votre fille. Dites-moi, tout d'abord, une chose : y a-t-il une *irrégularité* quelconque dans le testament de Mlle Lauzès?»

Elle n'obtint d'autre réponse qu'un regard suppliant. Alors, elle se dirigea vers les *dossiers,* en tira celui qui était marqué de la lettre «L».

irrégularité, acte contre le règlement

«Voilà ce qu'il nous faut!» dit-elle.

Sur le dossier, un nom était marqué : Lauzès.

Et elle se mit à *feuilleter* tous les papiers se trouvant dedans. Elle était presque arrivée jusqu'au bout quand, repoussant le dossier, elle s'écria :

«Et le testament? Il n'est pas là? Où est-il?»

Maître Labeyrie était devenu presque aussi pâle que tout à l'heure.

«Je vais t'expliquer, ma petite fille. Mais ne me regarde pas ainsi, je t'en supplie! Les testaments, tu comprends, ce sont des pièces d'une telle importance! . . .

– Mon père, reprit-elle, écoutez-moi bien. Si vous ne me donnez pas tout de suite le testament de Mlle Lauzès, je rentre tout de suite au Pendit, et vous vous débrouillerez comme vous pourrez, le moment venu, avec la Justice.»

Lentement, il se leva et se dirigea vers un *coffre-fort* qui se trouvait au fond de la pièce. Elle dut le tenir, tandis qu'il cherchait dans le coffre.

«Le voilà! fit-il avec un cri affreux. Tiens, prends-le.»

Elle le ramena à son fauteuil. Il s'y laissa tomber et se mit à pleurer, tout doucement.

Armande, sans émotion, lisait : «*Je soussignée*, Ernestine Lauzès, déclare léguer à M. Jean-Baptiste Cajarc la totalité de mes biens, meubles et maisons, à charge pour lui, etc.»

Et voilà! Dire qu'il avait suffi de ces quelques lignes

---

feuilleter, regarder en tournant rapidement les pages
coffre-fort, voir illustration page 81
je soussigné, se dit de la personne qui a mis son nom au bas d'un acte

pour faire de Mme Léonce Cajarc une des femmes les plus *enviées* de la région.

«Il est de votre *écriture*», dit-elle, en touchant du doigt le testament.

Il se contenta de joindre les mains et de la regarder en silence.

Armande hocha la tête d'un air grave.

«Je comprends, fit-elle, je comprends.»

Les larmes continuaient à couler sur les joues tremblantes du vieil homme. Mais une sorte de *soulagement* avait passé dans ses yeux.

«Ma petite fille, commença-t-il, sur un ton suppliant, ne sois pas trop dure avec ton pauvre père. Je t'aime tant, si tu savais. C'est à cause de toi, pour que tu sois heureuse, que . . .»

Elle l'arrêta, d'un geste sec.

«Comment l'idée a-t-elle pu vous venir d'une chose pareille?» dit-elle.

La voix d'Armande avait perdu sa dureté. Son père crut rêver en lui voyant essuyer une larme.

«Armande, mon enfant, que je suis malheureux! Comment t'expliquer? Ce sont les circonstances . . . Oui, c'est parce que j'étais endetté que j'ai été forcé de faire une chose pareille. La ruine me menaçait . . . Alors, tu comprends?

– Oui, dit Armande froidement, et mieux encore que vous ne pouvez vous imaginer. Je sais maintenant pourquoi je ne pouvais pas ne pas épouser Léonce Cajarc. J'ai été la victime des intrigues entre mon père et mon beau-père.

---

envier (qn), désirer être à la place de qn
écriture, manière d'écrire
soulagement, le fait d'enlever des soucis ou de la peine à qn

– Tu es riche, tu as un enfant que tu aimes . . . n'es-tu pas heureuse? demanda-t-il douloureusement.

– Vous-même vous reconnaissez ce soir que j'aurais pu l'être davantage. Mais en voilà assez! Il est temps que je montre un peu d'initiative. Tâchez d'abord de répondre aux questions très précises que je vais vous poser. Que pouvons-nous craindre de l'héritier de Mlle Lauzès, de M. Mestre, appelons-le par son nom? De quels moyens *légaux* dispose-t-il pour parvenir à la vérité?

– Il peut exiger d'étudier le testament lui-même.

– Qu'arrivera-t-il alors?

– Si l'examen des pièces et des faits lui donne la certitude qu'il y a eu fraude, il adressera une *plainte* au *procureur de la République*. Le procureur, s'il le juge bon, me convoquera, convoquera les six témoins. Car, s'ils ne sont pas venus à l'ouverture du testament, ils seront bien obligés de venir, cette fois. On examinera les signatures.

– Et puis?

– Et puis . . .»

Armande se leva, alla à la fenêtre, l'ouvrit toute grande. La nuit était claire et fraîche. Par-dessus les toits des maisons, on apercevait l'hôtel Prunet.

«Dire qu'il est là, murmura le notaire. Il dort bien tranquille, sans doute. Tandis que nous . . .»

Armande prit la main de son père :

«Vous allez beaucoup mieux, n'est-ce pas?

– Oui. Je crois que te dire tout cela m'a fait du bien.

– Bon. Alors, je vais vous préparer un dîner léger,

---

légal, en accord avec la loi
plainte, le fait de se plaindre en justice
procureur de la République, juge du plus haut degré

et après vous vous coucherez immédiatement, car demain vous devez vous lever de bonne heure pour aller à Cahors.»

Il ouvrit de grands yeux.

«A Cahors? Pour quoi faire?

– Mon Dieu, fit-elle, je serai donc obligée de tout vous expliquer. Pour avoir la preuve que M. Régis et l'héritier de Mlle Lauzès ne font qu'une et même personne. Partez donc demain matin et, surtout, ne me revenez qu'avec une certitude. Il me la faut.»

Questions

1. Pourquoi Armande pose-t-elle des questions à son père?
2. Pourquoi maître Labeyrie a-t-il peur qu'Oswald Régis soit Philippe Mestre?
3. Armande vous paraît-elle aimer son père?
4. Pourquoi maître Labeyrie a-t-il fait un faux testament?

12

Trois jours après, le vendredi matin, M. Labeyrie était de retour. Hors de lui, il arrivait au Pendit, et se précipitait dans la chambre de sa fille. Il la trouva encore au lit.

«Eh bien? dit-elle, sans se lever.

– C'est lui!

– Vous en êtes sûr? Comment l'avez-vous su?

– A Cahors, j'ai appris sans difficultés qu'il travaillait au ministère de l'Education nationale. J'ai pris le soir même le train pour Paris. Hier matin, j'étais au ministère. On l'y avait vu le lundi, où il était venu faire prolonger son congé. J'ai causé avec ses secrétaires. Je me suis présenté comme un de ses vieux amis. Hélas! tu avais vu juste. C'est bien lui.»

Il serrait ses mains en désespoir.

«Mon Dieu, mon Dieu, qu'allons-nous devenir!

– C'est ce que nous verrons», fit Mme Cajarc, avec un petit sourire.

Au cours des trois *interminables* journées qui suivirent sa rencontre avec Armande chez l'abbé Claparède, Philippe fut bien obligé de reconnaître l'influence qu'avait la jeune femme sur lui. Il ne dormait guère ou, s'il dormait, il n'arrêtait pas de rêver d'elle. Dans la journée, il s'occupait à se renseigner pour savoir si les six témoins qui avaient signé le testament de Mlle Lauzès étaient allés à Figeac, le jour de l'ouverture du testament,

---

interminable, qui ne prend pas fin

pour reconnaître leurs signatures. En effet, aucun d'eux n'y était allé.

N'ayant toujours pas de réponse d'Armande pour savoir quand il pourrait aller lui rendre visite, Philippe commençait à perdre patience. De nouveau, il se sentait repris par le désir de percer le mystère du testament. Ses *soupçons,* un instant disparus, revenaient. Au lieu d'être là, comme un enfant, à attendre l'invitation d'Armande Cajarc, il possédait le moyen de l'avoir à ses pieds! . . .

«Tant pis pour elle! grogna-t-il. Elle l'aura voulu. J'irai jusqu'au fond de cette histoire.»

Il était près de cinq heures. Comme Philippe traversait la place, il vit un petit garçon qui venait à sa rencontre.

«Monsieur Régis? demanda l'enfant, d'un air gêné.

– C'est moi. Qu'est ce que tu veux, mon petit?»

Le garçon prit dans sa poche une lettre fermée. Il la lui remit et, sans mot dire, disparut.

Il sembla à Philippe que son cœur s'arrêta, lorsqu'il lut ces lignes d'une écriture qu'il voyait pour la première fois, mais qu'il avait l'impression d'avoir toujours connue :

«Ce soir, à onze heures, puisque vous l'avez voulu, vous me trouverez au Pendit, seule.»

Il était un peu plus de dix heures et demie quand Philippe quitta l'hôtel Prunet. Il prit la route de Senaillac. Il connaissait, à quelques centaines de mètres, un *raccourci* qui lui permettait de rejoindre la route d'Aurillac un

---

soupçon, idée que telle ou telle personne est coupable
raccourci, chemin plus court

peu avant la propriété du Pendit. Ainsi, il éviterait de traverser le village.

La nuit était sombre, lorsque Philippe arriva au Pendit. Il s'engagea dans l'allée de sapins, après avoir poussé le grand *portail* laissé ouvert pendant le jour, mais qu'il savait chaque nuit fermé. Armande l'attendait-elle à la villa? Viendrait-elle le chercher jusqu'à la route? Arrivé au bout de l'allée, il distingua une petite lumière venant de la villa. Maintenant, il était tout près de la porte d'entrée. Une, deux, trois, quatre, cinq marches. Il les monta.

«Armande!» murmura-t-il.

Presque en même temps, il eut sa bouche sur sa bouche, et elle se laissa tomber dans ses bras.

Questions

1. Quels sont les sentiments d'Armande pour Philippe?
2. Philippe se doute-t-il des craintes qu'il inspire à Armande et à son père?
3. Pourquoi Armande écrit-elle à Philippe?
4. Pourquoi Philippe ne veut-il pas traverser le village pour se rendre chez Armande?

---

portail, très grande porte

13

Il n'était pas loin de six heures. Jean était dans son bureau, en train de travailler comme d'habitude. Le téléphone sonna. Il fut étonné de reconnaître la voix de Philippe.

«Viens tout de suite me retrouver. J'ai à te raconter des choses intéressantes. Je t'attends à la gare d'Orsay.

– Es-tu satisfait, au moins?

– Très! Mais viens vite. A sept heures, je serai obligé de te quitter.»

Jean sauta dans un taxi. En moins de cinq minutes, il fut auprès de Philippe. Celui-ci l'attendait, dans le coin le plus isolé du café. Jean fut frappé par son air heureux.

«En voilà une surprise! A peine une semaine que tu es parti . . . Et je n'ai pas besoin de te poser des questions, je vois que tu es heureux.

– Plus encore que tu ne peux l'imaginer. Et tu vas l'être aussi. Que je t'annonce sans tarder une bonne nouvelle : je ne retourne pas à Sousceyrac.

– Tu as donc réussi?

– Cela dépend de ce que tu appelles réussir.

– L'héritage de ta tante?

– Mon cher Jean, dit Philippe, fais-moi le plaisir de m'écouter : il y a une chose plus difficile à obtenir que la richesse : c'est le bonheur.

– Mon cher Philippe, répondit Jean. Aie pitié de moi. Va droit au but, surtout si tu dois me quitter à sept heures.

– Je le dois, en effet. Et sais-tu pour retrouver qui?

– Comment le saurais-je?

– Mme Cajarc.

– Ça, alors, fit Jean, c'est plus *fort* que tout. Elle est ici?

– Elle arrive à sept heures, par le train. Ce n'est pas pour rien que je t'ai donné rendez-vous à la gare d'Orsay.

– Elle sait qui tu es?

– Bien sûr!

– Et elle vient ici, te retrouver?

– Oui. Pour le reste de notre vie, j'espère.»

Jean regarda Philippe, stupéfait.

«Ne te moque pas de moi, veux-tu? fit-il simplement.

– Je n'en ai nulle envie, dit Philippe, heureux.

– Depuis quand es-tu de retour?

– Depuis ce matin. J'ai quitté Sousceyrac hier soir. Il fallait bien que j'arrive avant elle, pour arranger mon appartement . . . C'est à quoi j'ai consacré ma journée.»

Jean se croisa les bras :

«Ecoute, dit-il, tout cela me paraît tellement fou que je préfère te laisser la parole. Allons, explique-toi. J'attends.»

Philippe sourit.

«Avec plaisir, fit-il. Et tu verras comme c'est simple, comme c'est clair.»

Il lui dit tout, n'insistant guère, bien entendu, sur les détails de la nuit du Pendit.

Jean était de plus en plus stupéfait.

«Tout de même, dit-il enfin, si dans ce qui vient de t'arriver, il y a des moments où je ne me serais pas du tout plaint d'être à ta place, il y en a un, en revanche, que je ne t'envie pas. C'est quand tu as été obligé d'avouer à cette pauvre petite ta véritable identité. Tu ne devais pas être à l'aise.

---

fort, ici: difficile à admettre

Philippe hocha la tête.

«Pas précisément, en effet. Tu penses, sur l'instant, ce qu'a pu être sa colère : «Vous avez joué la comédie avec moi», ne cessait-elle de répéter en pleurant. Et puis, elle a bien dû finir par se calmer, par réfléchir, par comprendre que, avant de la connaître, il ne m'était pas possible d'agir autrement.

– Elle ne se doutait de rien, quant au testament?

– De rien, absolument. Tu peux m'en croire. Et ça n'a pas rendu ma *tâche* plus amusante. Pas une minute – et c'est ce qui me l'a fait aimer davantage – elle n'a songé à l'argent. «Vous rendez-vous compte, me répétait-elle, que si un acte aussi affreux a été commis, cela a été avec la *complicité* de mon père?» Que pouvais-je lui répondre? Je n'avais qu'à baisser la tête. «Votre père, vous l'aimez beaucoup?» ai-je murmuré. «Comment oublierais-je, a-t-elle répondu, qu'il a fait cela pour moi, pour que sa fille soit riche, heureuse!» Heureuse! Il fallait voir avec quelle tristesse elle l'a dit, ce mot-là! «Et encore, a-t-elle ajouté, je sais bien que, de lui-même, il n'aurait jamais eu une telle idée. C'est mon beau-père et sans doute aussi mon mari.» Ah! si tu avais pu entendre la haine qu'elle a mise dans cette phrase . . .

– Et finalement, comment tout cela s'est-il terminé?

– Il n'est pas très difficile de le deviner, puisque tu sais qu'elle arrive ce soir.

Jean était stupéfait.

«Demain, poursuivit Philippe, quand elle sera un peu reposée, nous dînerons tous trois ensemble.

---

tâche, travail que l'on doit faire dans certaines conditions
complicité, le fait d'aider une autre personne à faire une mauvaise action

– D'accord, dit Jean. Et dis-moi, l'affaire du testament, dans ces conditions, que devient-elle?»

Philippe haussa les épaules.

«Je n'ai pas encore pris de décision à ce sujet. Tu comprends que la situation est assez délicate.

– Evidemment, fit Jean. Si j'aimais une femme comme tu me sembles aimer celle-ci, commencer par envoyer son père en *prison* me paraîtrait un moyen peu galant de lui témoigner mon amour.»

L'horloge du café marquait sept heures moins dix. Philippe se leva et dit nerveusement à Jean :

«Va te placer au fond de la salle d'arrivée. Ainsi tu la verras.»

Jean obéit. Le train arriva. Soudain, il vit passer tout près de lui une jeune femme en tailleur gris. Il eut le temps d'apercevoir ces sombres yeux, ce visage triste et fermé . . . Déjà, elle était dans les bras de Philippe . . .

Le lendemain, Jean attendait Philippe au restaurant depuis une demi-heure déjà, lorsqu'il vit Philippe arriver.

«Tu es seul? fit Jean.

– Oui.

– Elle va arriver?

– Non.»

Alors seulement, Jean s'aperçut du visage pâle de son ami.

«Qu'y a-t-il?»

Philippe éclata en *sanglots*.

«Elle ne viendra pas, balbutia-t-il.

---

prison, endroit où l'on met les criminels
sanglot, pleurs violents

– Pourquoi? Où est-elle?

– Elle est repartie pour Sousceyrac. J'arrive de la gare; je suis allé la mettre dans le train. Elle ne reviendra jamais, jamais.»

Jean prit la main de Philippe.

«Mon pauvre ami! fit-il. Mais, dis-moi ce qui s'est passé.

– Il s'est passé, dit Philippe doucement, que nous avons tous les deux été des enfants, de ne pas nous rappeler . . .

– Rappeler quoi?

– Qu'elle a un fils, mon pauvre Jean . . . Je n'ai donc pas le droit de lui en vouloir. Elle ne peut pas garder son petit garçon avec elle, si c'est elle qui quitte son mari.»

Un sanglot lui coupa la parole.

«Calme-toi, voyons, je t'en supplie, fit Jean. Mais alors, l'affaire du testament, tu laisses tomber?

– Bien sûr! répondit Philippe, fier. Tu ne penserais tout de même pas que . . .

– Je te demande pardon, dit Jean. Il est bien vrai qu'on a toujours tort de se mêler des affaires des autres . . .»

Questions

1. Pourquoi Jean a-t-il du mal à croire Philippe?
2. Pourquoi Armande a-t-elle fait semblant de ne pas connaître le véritable nom de Philippe?
3. Armande a-t-elle été franche avec Philippe au sujet du testament?
4. L'existence de son fils vous semble-t-elle être la seule raison du départ d'Armande?